Elisabeth Kübler-Ross

Befreiung aus der Angst

Elisabeth
Kübler-Ross

BEFREIUNG AUS DER ANGST

Berichte aus den Workshops »Leben, Tod und Übergang«

Mit 50 Fotos
von Mal Warshaw

Kreuz Verlag

Aus dem Amerikanischen übersetzt von Susanne Schaup

CIP-Kurztitelaufnahme der Deutschen Bibliothek

Kübler-Ross, Elisabeth:
Befreiung aus der Angst: Berichte aus d. Workshops
»Leben, Tod u. Übergang« / Elisabeth Kübler-Ross.
Mit 50 Fotos von Mal Warshaw.
[Aus d. Amerikan. übers. von Susanne Schaup]. –
1. Aufl., (1.–20. Tsd.). – Stuttgart: Kreuz-Verlag, 1983.
Einheitssacht.: Working it through ⟨dt.⟩
ISBN 3-7831-0710-5
NE: Workshop Life, Death and Transition ⟨1970–1982⟩

Die Originalausgabe ist 1982 erschienen im Verlag
Macmillan Publishing Co., Inc., New York
unter dem Titel »Working It Through«
ISBN 0-02-567160-X

1. Auflage (1.–20. Tausend) 1983
Gestaltung: Hans Hug
Gesamtherstellung: Wilhelm Röck, Weinsberg
ISBN 3 7831 0710 5

Inhalt

Für David.
Und die Hunderte von Davids, Lindas und Bettys
in aller Welt,
die uns etwas Kostbares geschenkt haben
und die unsere Lehrer waren.

Vorwort von Mal Warshaw

Vor einigen Jahren fuhr ich an einem Januarmorgen bei unter null Grad von New York City, wo ich wohne, mit einigen Fotos in der Tasche in einen Vorort von Chicago, wo ich Elisabeth Kübler-Ross treffen sollte. Todesfälle in meiner Familie waren der Anlaß, daß ich begann, einen Krebspatienten im letzten Stadium seiner Krankheit zu fotografieren, und Elisabeth hatte sich bereit erklärt, die Bilder anzusehen. Diese Begegnung hatte einen nachhaltigen Einfluß auf mein Leben und markierte den Anfang einer dauerhaften Freundschaft und Zusammenarbeit, deren Resultat dieses zweite unserer gemeinsamen Bücher ist.

Dieses Buch gibt Einblick in die »Workshops über Leben, Tod und Übergang« von Elisabeth Kübler-Ross, wie sie in verschiedenen Teilen der Vereinigten Staaten regelmäßig stattfinden.

Ich bin der Meinung, daß den Fotos eine besondere Rolle zukommt in einem Buch, das diese Workshops dokumentieren und die intimen, intensiven Gefühle wiedergeben will, die mit einer solchen Erfahrung verbunden sind.

Gefühle äußern sich in der Zeit – oft innerhalb einer sehr kurzen Zeitspanne. Eine Fotografie hält den Bruchteil einer Zeitsekunde in ihrer ganzen Komplexität fest. Sie ermöglicht es uns, zurückzugehen, die Erfahrungen zu überprüfen und aufzuarbeiten; sie offenbart die in den flüchtigen Augenblicken der aktuellen Erfahrung verlorengegangenen oder übersehenen Elemente und gewährt einen Einblick, der uns sonst verschlossen wäre.

Außerdem ist die Fotografie ihrem Wesen nach mit der dramatischen Kunst eng verwandt. Dadurch ist es möglich, den Zustand eines Menschen nicht nur in einem einzelnen Foto, sondern in einer ganzen Serie von Bildern als einen menschlichen Prozeß aufzuzeigen, in dem die Gefühle sich entwickeln, sich intensivieren, sich ausdrücken, sich mitteilen und verändern.

Um das Material für dieses Buch zusammenzutragen, nahm ich an verschiedenen Workshops in Wisconsin und Kalifornien teil. Die Fotos sind nicht gestellt, und ich verwendete nur das vorhandene Licht. Ich benützte keine andere Lichtquelle und auch kein Blitzlicht, das die Erfahrung der Teilnehmer hätte stören können. In allen Fällen wurde ich als Mitglied eines Workshops akzeptiert. Jeder wußte, daß ich dabei war und warum, und alle gestatteten mir zu fotografieren, um ihre Erfahrung der Workshops dem Leser zugänglich zu machen.

Ich möchte meine Arbeit an diesem Buch den vielen Menschen widmen, die dazu beigetragen haben, daß sie Früchte trägt. Ich danke Elisabeth Kübler-Ross, deren Freundschaft und großzügige Erlaubnis, an ihrer Arbeit teilzunehmen, sie ermöglicht hat; und den Mitgliedern der Workshops (insbesondere Linda Schumann) für ihre Bereitschaft, ihre Erfahrungen mitzuteilen; sowie meiner Frau Betty Weir, deren Weitblick, Hilfe und Verständnis einen großen Anteil an dieser Arbeit haben.

Danksagung

Da ich in diesem Leben lerne – und lehre – zu verzeihen, möchte ich diese Gelegenheit ergreifen, um J. und M. dafür zu danken, daß sie mir drei Jahre lang in meinen Workshops assistierten.

Außerdem gilt mein Dank Mal Warshaw für seine fortgesetzte Unterstützung; Sheila und Tom, ohne die ich nicht so leicht hätte weitermachen können; Linda und Lynn, die während der Zeiten meiner Abwesenheit von Shanti Nilaya die Stellung hielten; und schließlich der göttlichen Führung, die allein dieses Werk ermöglicht hat.

Elisabeth Kübler-Ross

Der achtzehnjährige David – zusammen mit Elisabeth Kübler-Ross

David

KAPITEL 1

In gewisser Hinsicht beginnt dieses Buch mit seinem Ende. Es beginnt nämlich mit der Geschichte von David. Außerdem beginnt es, da jemand anderes als ich schreibt, mit anderen Worten als den meinen. Als ich gebeten wurde, ein Buch über die Hunderte von Workshops über Leben, Tod und Übergang zu schreiben, die ich während der letzten zehn Jahre auf der ganzen Welt abgehalten habe, dachte ich: »Wo soll ich beginnen?« Bald erhielt ich die Antwort: Beginne nicht mit dem Anfang, beginne mit dem Ende. Versuche nicht, gleich im ersten Kapitel zu erläutern, wie diese Arbeit angefangen hat, wie die Workshops entstanden, wie sie funktionieren und ablaufen. Beginne mit dem Ende, mit den *Resultaten* dieser Workshops.

Und daher beginnt dieses Buch damit, daß der Leser etwas vom Endergebnis unserer Workshops erfährt, indem wir über das Ende von Davids Leben berichten. In einem Gedicht von Werner Bergengruen steht die Zeile: »Immerdar enthüllt das Ende sich als strahlender Beginn.« Dies trifft wohl nirgends so sehr zu wie hier.

Es folgt ein Brief, den Davids Mutter mir geschrieben hat. Er sagt viel darüber aus, warum dieses Buch *»Befreiung aus der Angst«* heißt.

Ein Brief von Davids Mutter

Liebe Elisabeth, 1. Mai 1979

es ist sechs Uhr früh – der Beginn eines neuen Tages, des Maifeiertages! Als ich ein kleines Mädchen war, standen wir an diesem Tag zeitig auf und pflückten Schlüsselblumen und Veilchen für die Körbchen mit Popcorn und Süßigkeiten, die wir vor die Haustüre unserer Freunde stellten. Aber Du hast mich gebeten, mich an jüngst vergangene Zeiten zu erinnern – an den Workshop und was er für mich und meine Familie bedeutet. Ach, Elisabeth, wo soll ich nur anfangen, um das in

Worte zu fassen! Der Workshop hat uns allen eine ganz neue Welt eröffnet, in der wir leben können. Ich möchte jedem Menschen davon erzählen. Aber um das zu tun, muß ich an schreckliche Tage zurückdenken, und die Erinnerung daran schmerzt mich so sehr. Ich möchte lieber an Vals Hochzeit denken, die kommenden Monat in unserem Garten gefeiert wird. David und Brad sehen in ihren neuen Anzügen so groß und stattlich aus. Dave studiert schon die Lieder ein, die er singen wird. In unserem Haus geht es munter zu. Neue Erinnerungen vermischen sich mit den alten. Manche alten Erinnerungen möchte ich nicht hervorholen, aber heute muß ich es tun. Ich habe mir diesen ganzen Tag von einer hektischen Woche abgezweigt, um über den Workshop zu schreiben. So will ich mich still hinsetzen und mich zurückerinnern.

Erinnerung an ein hartes Schicksal

»Du ruinierst dein Leben dadurch, daß du mich versorgst, Mami.«

»Aber nein, David. Bitte, sag so etwas nicht. Ich habe dich doch so lieb.« (O mein Gott, er weiß es! Ich habe versucht, meine Verzweiflung zu verbergen, aber David weiß es. Ich kann einfach nicht mehr. Warum hilfst du mir nicht? Warum hilft mir nicht irgend jemand? Bitte! Bitte!)

Das war bloß der Anfang eines Gesprächs zwischen meinem Sohn und mir. Am nächsten Morgen beschaffte ich mir in unserer Stadtbibliothek die Adresse von Frau Dr. Kübler-Ross. Ich schrieb ihr und schüttete ihr mein Herz aus über unseren achtzehnjährigen Sohn David, der schon zweimal wegen eines Gehirntumors operiert worden war und seither unter einer Gesichtsnervenlähmung, wiederholten Geschwüren an der Hornhaut der Augen, Beeinträchtigung der Bewegungen der rechten Hand, Gleichgewichtsstörungen, Gehschwierigkeiten und teilweisem Verlust des Gehörs litt. Er hatte Anfälle und nahm täglich vier Arten von Medikamenten ein. Wieder wuchs ein Tumor. David ist immer ein so besonderer Mensch gewesen, der anderen so viel zu geben hatte. Aber die meisten Leute fürchteten sich vor seinen Gebrechen, oder sie waren zu beschäftigt, um ihn wirklich kennenzulernen. Er hatte wenig Freunde, und die Welt war einsam für ihn. Er akzeptierte das und machte die Musik und seine Gitarre zu seinen Freunden. Sein Zimmer war ein sicherer, warmer Ort für ihn, voll Musik und Kunst, voll Lachen und Liebe. Jetzt fühlte er sich sogar hier einsam und verlassen, weil so viel Spannung und Müdigkeit im Haus war. So viele Tränen und kaum noch Lachen! Das Schlimmste war, daß der Tumor wuchs, und David wußte, daß er bald taub sein würde – kein Stereo mehr, keine Beatles, keine Gitarre, keine Musik mehr! Er würde gar keine Freunde mehr haben. David hat so hart

Die Eltern von David während eines Workshops in Shanti Nilaya

darum gekämpft, mit Würde zu leben und sich selbst zu respektieren. Jetzt sagte er mir, er wolle nicht mehr leben.

»David, ist es so schlimm? Was kann ich tun, um dir zu helfen?«

»Du kannst nichts tun, Mami. Es ist eben so.« Und er weinte und legte seinen Arm um mich und streichelte meine Schulter. David weinte sonst nie. »Tränen nützen nichts, Mami«, sagte er sonst immer. Doch er hat mich nie gebeten, nicht zu weinen, und so weinte ich für uns beide.

Ich beendete meinen Brief an Elisabeth und bat sie um Hilfe. Als ich vor dem Briefkasten stand, betete ich zu Gott: Ich habe alles getan, was in meiner Macht stand, nun liegt unser Leben ganz in deiner Hand! – Elisabeth war einen Tag pro Woche zu Hause und hatte

Tausende von Briefen zu beantworten, aber innerhalb von zwei Wochen erhielt ich einen Brief von ihr, der Hilfe und Hoffnung versprach.

Im Januar 1978 nahmen mein Mann Dave und ich zum ersten Mal an einem Workshop in Shanti Nilaya teil. Unsere Tochter hatte Grippe. Wegen eines Schneesturms war der Flughafen von Chicago geschlossen. Aber es war uns bestimmt, diesen Workshop mitzumachen, und so kamen wir auch dort an. Fünf Tage lang sprachen sechsundvierzig Menschen miteinander und hörten einander zu. Wir lachten, sangen und aßen zusammen. Wir teilten uns gegenseitig unsere Ängste, unsere Schuldgefühle und unseren Zorn mit. Wir lernten, anderen und uns selbst zu verzeihen. Wir ließen andere Menschen unsere Tränen

Davids Eltern auf dem Gelände von Shanti Nilaya

David mit seiner Mutter auf dem Workshop

und unseren Schmerz sehen. Wir nahmen alle aneinander teil, und wir zeigten es.

In diesem Workshop machte ich noch einmal einige der Erfahrungen aus Davids Kindheit durch, die ihn so schrecklich verwundet haben. Ich sprach die Schuldgefühle aus, die ich immer noch empfinde, weil ich aus Unsicherheit und Unerfahrenheit Fehler machte und Ärzten und sogenannten Fachleuten vertraute, die nicht vertrauenswürdig waren. Ich teilte mit, wie es mir das Herz brach, als David sagte, daß sein Leben wertlos gewesen sei; ich erzählte von meinem Schmerz, wenn ich sah, wie er sich bemühte, einem Leben ohne Musik ins Auge zu sehen, und von meiner Hilflosigkeit, wenn ich versuchte, ihn zu trösten, obwohl es keinen Trost gab.

Nachdem ich an zwei Workshops hatte teilnehmen dürfen, wünschte ich mir, daß auch David diese wunderbare Erfahrung machte. Ich

Workshopteilnehmer tragen David in das Schwimmbecken

wußte, daß er ebensoviel zu geben hatte, wie er empfangen würde. Ich schrieb also an Elisabeth, aber sie antwortete nicht. Doch an einem Donnerstag im August rief sie an und fragte, ob ich David am folgenden Montag zu einem Workshop nach Kalifornien bringen könnte. Ich sagte zu, ohne darüber nachzudenken, wie in aller Welt ich in drei Tagen alles regeln und wie ich ihn gegen den Widerstand seines Arztes dreitausend Kilometer weit befördern sollte. Aber ich wußte, daß es so sein sollte, und mit der Hilfe vieler guter Menschen geschah es auch.

Als wir am ersten Morgen zum Frühstück kamen, erlebten wir die übliche Reaktion auf David. Er macht einen Eindruck! Er ist zwei Meter groß, hat eine rote Afrofrisur und einen roten Bart. Die rechte Seite seines Gesichts ist wegen seiner Lähmung nach unten verzogen. Sein rechtes Augenlid ist zugenäht. Er geht mit weit gespreizten Beinen, um das Gleichgewicht zu halten. Und er ist taub. Manchen Leuten war das unangenehm. Manche fürchteten sich. Aber bald kamen sie näher und fingen an, mit ihm zu kommunizieren. Jedem Menschen, der ihm einen Schritt entgegenkam, schenkte er seine bedingungslose Liebe.

David macht seine ersten Erfahrungen im Workshop

Ich wußte nicht, wie David darauf reagieren würde, daß er den ganzen Tag in einem Raum voll Menschen saß und nicht hören konnte, was sie sagten. Ich nahm ein Notizheft und versuchte zusammenzufassen, was jede Person der Gruppe mitteilte. Von Anfang an war er völlig absorbiert von den Gefühlen, die zum Ausdruck kamen. Bereitwillig teilte er seine eigenen mit. »Ich heiße David«, sagte er. »Ich bin gekommen, weil ich Hilfe brauche.« Während der Pausen sah er voll Sehnsucht zum Schwimmbecken hin und dachte daran, wie gern er früher geschwommen war. Am Dienstag nahmen einige Männer ihn ins Schwimmbecken mit, das erste Mal seit mehr als zwei Jahren. Nun stand er nicht mehr abseits! Als er gefragt wurde, ob er gekommen sei, um eine bestimmte Antwort zu finden, sagte er: »Ja, mich selbst.« Am Abend las John, der Priester, die Messe im Freien auf einem großen Felsen. David blickte auf und sah die Silhouette eines großen Kreuzes am Himmel. Ich sagte ihm, daß es ein Symbol des Lebens ist, und gab ihm das Ankh-Kreuz (Henkel-Kreuz), das ich an einer Kette trug. Es wurde sehr wichtig für ihn, und er hat es seither immer getragen.

Am Donnerstag morgen sagte David zu mir: »Frau Kübler-Ross hat so viele Leute zu versorgen, daß ich wahrscheinlich nicht drankomme, aber ich möchte den anderen sagen, daß ich Schwierigkeiten mit dem Beten habe.« Er bat John, den Priester, ihm zu helfen, »weil der gut beten kann«.

David teilte ihm also mit: »Ich habe Schwierigkeiten mit dem Beten.«

John schrieb ihm: »Sag mir, wofür du beten willst.«

Die Antwort lautete: »Um Gott zu erkennen.«

John schrieb: »Wenn wir einander lieben, dann spüren wir Gott. Wir beten jetzt zu Gott.«

Es war sehr still im Raum. Plötzlich umringten die anderen David, umarmten ihn und umarmten einander. David hatte Gott erkannt! Er empfand die Freude darüber, sich den anderen mitzuteilen und die Liebe der Gruppe und die Liebe Gottes zu fühlen. Durch seine Aussage erkannten viele Menschen, daß Gott die Liebe ist. David ist ein kostbares Geschenk für uns alle.

Dann fuhren wir nach Hause. Im September starb Davids Großtante an Krebs, und sie hatte Angst. Sie schrieb David oft. Er besaß ein Kreuz mit einer Kette, das er für mich aufbewahrte. Er packte es mit einem Zettel ein und schickte seinen Vater und mich zu ihr, damit wir es ihr um den Hals hängten. Auf seinem Zettel stand: »Liebe es so, wie ich das meine liebe. Ich glaube, es wird dein Herz für dein neues Leben öffnen.« Sie nahm es nie mehr ab. Es symbolisierte all die Liebe, die sie umgab. Am 25. September starb sie friedlich und ohne Angst.

David gibt immer noch seine bedingungslose Liebe allen, die ihm entgegenkommen. Er kümmert sich um seinen Zimmergenossen, der weder gehen noch sprechen, weder lesen noch schreiben kann. Unser Herz jubelt, wenn wir die besondere Art der Kommunikation beobachten, mit der sie sich einander mitteilen.

Was der Tod für eine Familie bedeutet

Im März wurde ich gebeten, zu fünf Mittelschulklassen der Oberstufe zu sprechen – ihnen zu sagen, was es für eine Familie bedeutete, dem Tod gegenüberzutreten; von unseren Gefühlen zu sprechen, wie wir damit fertig wurden und wie die Workshops uns geholfen hatten. Vor einem Jahr wäre ich zu ängstlich gewesen, einer solchen Bitte zu entsprechen, und mein Mann hätte mich auf alle Fälle hinfahren müssen. Aber da war ich nun, allein auf der Schnellstraße während der Stoßzeit, und in einem Schneesturm! Es fiel mir nicht ein, mich zu drücken, und ich hatte keine Angst, denn in den Workshops geht es ja darum, ohne Angst zu leben und sich mitzuteilen. Ich wollte diesen Schülern so gerne zeigen, daß es sogar im Angesicht des Todes möglich ist, sich am Leben zu freuen. Ich erzählte ihnen von den Dingen, die wir zusammen machen. Ich las ihnen einige von Davids Gedichten vor und beantwortete ihre Fragen. Wir sagten einander, was wir empfanden. Es war eine besondere Stunde für mich.

Wir besuchen David an jedem Mittwoch, Freitag und Sonntag. An Geburtstagen, in den Ferien und an allen Festtagen kommt er nach Hause. Wenn er dazu imstande ist, besucht er eine Sonderschule für Körperbehinderte und eine beschützende Werkstätte. Er ist jetzt taub und auf einem Auge blind. Er will sich nicht mehr operieren lassen, und wir stimmen dieser Entscheidung zu. Er hat keine Angst. Die Verständigung mit ihm ist sehr mühsam, meistens schriftlich in Verbindung mit einer Form von Zeichensprache. Ihn zu umarmen ist das Beste, und das tun wir oft. Manchmal überwältigt uns unser Schmerz, und dann müssen wir weinen, aber wir lachen auch und lieben und genießen jeden Tag. Die Liebe wird immer bei uns sein!

Wir sind eine Familie. Heute sind wir fünf. Was morgen sein wird, wissen wir nicht.

Ein befreiender Lernprozeß

Sowohl mein Mann Dave als auch ich haben etwas von den Schwestern und Brüdern anderer todkranker Patienten gelernt, die an Deinem Workshop teilnahmen. Wir hörten zu, wenn sie ihren Gefühlen der Ablehnung und des Zorns gegen ihre Eltern, den Schuldgefühlen und ihrem Schmerz Ausdruck gaben. Wir erkannten, daß wir Eltern auch nur Menschen sind und nicht alles leisten können. Nachdem wir das verstanden hatten, dachten wir auch an unsere eigenen Bedürfnisse und die unserer beiden anderen Kinder. Da unsere ungeheure Bürde der Schuld jetzt aufgehoben ist, können wir in Frieden mit der herzzerreißenden Entscheidung leben, daß wir David in ein Pflegeheim gaben.

Dieser Workshop war eine der freudigsten Erfahrungen, die Dave und ich in den zweiunddreißig Jahren unserer Ehe miteinander teilen durften.

Im Februar machte Elisabeth einen Hausbesuch bei uns, um David zu sehen und mit ihm zu sprechen. Seine eigenen Worte fassen alles zusammen: »Frau Kübler-Ross hat mein Herz erleichtert. Sie hat mir Frieden gegeben.«

Davids Mutter nahm an einem weiteren Workshop teil, ihrem letzten, den sie vor einem Jahr allein besuchte. Sie schrieb darüber folgendes:

Sechs Uhr früh, 9. Mai. Der Geburtstag meiner Mutter. Sie starb 1974 an Krebs, drei Wochen bevor David seine erste Gehirnoperation hatte. Die Trauer, die ich damals aufschieben mußte, ist einer der Gründe, warum ich noch einen Workshop brauchte. Im Frühjahr 1978 litt meine Gesundheit unter der Last zusätzlicher Verantwortungen. In meinem Leben waren einfach zu viele Probleme, die ich nicht lösen konnte. Die Welt zog unbeschwert an meiner Tür vorbei, während ich so zu kämpfen hatte. Niemanden kümmerte das – nicht einmal Gott. Meine Erschöpfung verwandelte sich in Wut, und ich war wie ein Eisblock und gab mir Mühe, nichts zu empfinden. Ich bat Elisabeth, mich zu ihrem Juni-Workshop in Wisconsin kommen zu lassen, aber er war schon ausgebucht. Ich hatte Angst, alleine hinzugehen, aber ich hatte schnelle Hilfe nötig, und ich wußte, daß ich sie im Workshop erhalten würde. Daher bedrängte ich Elisabeth, bis sie ja sagte.

In Wisconsin kam der Vulkan zum Ausbruch, und ich ließ meine Wut auf viele Dinge und viele Menschen heraus; am meisten gegen mich selbst, weil ich nicht die Person war, die ich mein ganzes Leben

In Liebe verbunden: David mit seiner Mutter

lang sein wollte, weil ich Angst hatte. Ich sagte Gott, was für ein Tyrann er war und was ich von ihm hielt, weil er seinen Kindern nicht half – all das vor mehr als siebzig Menschen, von denen zehn Geistliche waren. Nachdem ich das überstanden hatte, war ich überzeugt, daß ich vor nichts mehr Angst hatte. Welche Erleichterung!

Im Dezember 1980 bekam David Lungenentzündung mit Komplikationen und war dem Tode nahe, aber unsere Familie brauchte seine Hilfe noch, und so blieb er noch ein Weilchen. Er starb plötzlich am 7. März 1981. Wir waren bei ihm, und wir waren dankbar, daß wir uns durch unsere Schuldgefühle und unsere Angst hatten durcharbeiten können, so daß wir ihn, als die Zeit gekommen war, in Frieden gehen lassen konnten.

Als David klein war, sprang er oft um sechs Uhr morgens in unser Bett und sagte: »Ich will dir ein Geheimnis sagen, Mami. Ich hab dich sooo lieb!« Vom Tag seiner Geburt an war er immer voll Liebe, und er verschenkte sie freigebig an jeden. Wir sind stolz, daß wir seine Eltern sein durften. Wir liebten ihn von ganzem Herzen, und es tat uns sehr weh, ihn Gott zurückgeben zu müssen. Seine wunderbare Seele wird immer bei uns sein, wenn wir Liebe empfinden.

Ich möchte der Geschichte von David, wie seine Mutter sie erzählt hat, noch etwas Eigenes hinzufügen. Zunächst möchte ich sagen, daß Davids Arzt sehr dagegen war, daß die Eltern ihn zu dem Workshop über Leben, Tod und Übergang mitnahmen. Es wurde als etwas völlig Unmögliches betrachtet. Die Eltern vertrauten jedoch ihrem eigenen Gefühl, und seine Mutter brachte ihn trotz der Einwände der Mediziner her. Es war dann so, daß David zum ersten Mal in seinem Leben seine Mutter fünf Tage lang für sich hatte, ohne sie mit seinen Geschwistern teilen zu müssen. Zum ersten Mal begann er, ihren Schmerz, ihren Kummer und ihre Probleme in einer offenen und ehrlichen Weise zu verstehen.

Neue Beziehung zwischen Mutter und Sohn

Es ist wichtig, hinzuzufügen, daß die Mutter aufgrund ihrer Schuldgefühle und ihrer unüberwundenen Scham über ihre Unfähigkeit und mangelnden Bereitschaft, David zuzuhören, ihn zu beschützen versuchte. Sie setzte sich gerne neben ihn und nahm ihn wie eine Glucke unter ihre Fittiche. David ging aus diesem Workshop als ein sehr unabhängiger Geist hervor und trennte sich aus eigener Initiative von der an ihm klebenden Mutter, die ihn schließlich gehen lassen konnte.

Wir alle sahen ihm voll Stolz zu, als er die Bitte aussprach, im Schwimmbecken zu schwimmen, was er schon jahrelang nicht mehr getan und woran er Freude gehabt hatte, als er noch gesund war. Mit der Hilfe einiger kräftiger Teilnehmer des Workshops wurde er in das Schwimmbecken getragen und genoß eine Stunde voll Spaß und Freude in seinem Lieblingselement. Unter sogenannten »normalen« Umständen wäre es wohl das letzte, einen todkranken Patienten zum Schwimmen zu tragen, doch im Rahmen des Workshops war es etwas Kluges, Warmherziges und Wunderbares, das allen Beteiligten gut tat.

Abschied von David

Mein endgültiger Abschied von David war eine feste Umarmung und ein Dank jenseits von Worten – ein Dank nicht nur von David an mich, sondern auch von mir an David, daß er den Mut gehabt hatte, fünf erschöpfende und körperlich ungemein anstrengende Tage und Nächte mitzumachen. Es war ein Dank für seine Bereitschaft, seine Erfahrungen einer Gruppe von Menschen mitzuteilen, die ebenfalls eine der schwierigsten Lektionen lernten – jemandem zuzuhören, der kaum sprechen kann, den man kaum hören kann und der es einem manchmal sehr schwer macht, nicht einfach abzuschalten, wenn es zu mühsam und schmerzhaft wird. Es waren die Reaktionen der Teilnehmer des Workshops auf David und insbesonders seine tiefschürfende Frage nach Gott am Ende des Workshops sowie die schöne und liebevolle Antwort des Priesters, die diese Begegnung so unvergeßlich machten.

Es genügt nicht, zu sagen, daß David mit vielen Teilnehmern des Workshops in Verbindung blieb und daß er mir zu seltenen Gelegenheiten sogar einen Liebesbrief schickte. Dies ist an sich schon ein unglaubliches Geschenk, wenn man bedenkt, wie lange er brauchte, um ein einziges Wort auf ein Blatt Papier zu schreiben. Doch im Augenblick seines Todes wußte er voll Stolz und Freude, daß er das Leben vieler Menschen berührt hatte.

Letzten Endes ist es dies, worum es in unseren Workshops über Leben, Tod und Übergang geht: das Leben anderer zu berühren und damit auch sein eigenes Leben zu bereichern.

KAPITEL 2

Die ersten Workshops

Nachdem ich die Universität von Chicago verlassen hatte, wo ich das erste interdisziplinäre Seminar über die Pflege sterbender Patienten abgehalten hatte, wurde ich zu zahlreichen Talk-Shows, Fernsehauftritten und insbesondere zu Vorträgen eingeladen. Anfangs hielt ich Vorträge in Schwesternschulen, Pflegeheimen, medizinischen Fakultäten, Seminaren und Bestattungsinstituten, doch später vor einer größeren Anzahl interessierter Organisationen, mit einer steigenden Nachfrage von der breiteren Öffentlichkeit.

Obwohl ich während der letzten zehn Jahre über dreihunderttausend Kilometer pro Jahr zurückgelegt und an die fünfzehntausend Menschen pro Woche erreicht habe, wurde es mir bald klar, daß wir nur die Oberfläche berühren. Wir waren in der Lage, einer großen Anzahl von Menschen den Prozeß des Sterbens zu erleichtern, auch die Schwierigkeiten des Patienten, die Ängste, Sorgen und Hemmungen der Familienmitglieder zu teilen. Wir konnten mit dem Klinikpersonal darüber reden, welche Ängste und Sorgen einer wirklich effizienten Arbeit im Wege stehen. Aber dicse Aussprachen in bloß einer Richtung waren nicht genug. Sie berührten das eigentliche Problem nicht; sie beschrieben es nur.

Ein neuer Plan nimmt Gestalt an

Im Jahre 1970 kam mir der Gedanke, eine relativ kleine Gruppe von Menschen auszuwählen, mit denen ich intensiver arbeiten konnte. Ich plante, eine ganze Woche mit ihnen an einem Ort zu verbringen, wo wir zurückgezogen miteinander leben würden und wo ich mit meinem Wunsch experimentieren konnte, ihnen mehr mitzuteilen, als über eine verbale Kommunikation möglich war. Ich wollte mehr Zeit mit ihnen haben, damit sie erfahren konnten, wie unsere eigene Negativität, unsere eigenen Ängste und unerledigten Dinge unserer Wirksamkeit im Wege stehen.

Der erste Workshop in Indiana

Sechzig Personen wurden ohne Auswahlprinzip aus einer großen Anzahl von Menschen aufgenommen, die Interesse an dem Workshop bekundet hatten. Wir mieteten ein schönes, abgelegenes Haus auf dem Lande in Indiana, wo wir von Montag bis Freitag zusammenkamen und uns über alles aussprachen, was wir über unsere Erfahrungen mit dem Leben und dem Sterben bereit und imstande waren mitzuteilen. Die Gruppe bestand aus einer Reihe von Krankenschwestern, Geistlichen verschiedener Konfessionen, zwei Bestattungsdirektoren, einem Arzt, verschiedenen todkranken Patienten und einigen im Gesundheitswesen Beschäftigten, die indirekt für die Pflege von Kranken verantwortlich waren, sowie einer Anzahl von Menschen, die einen nahen Angehörigen verloren hatten.

Wir hatten kein Programm und keinen Stundenplan. Wir versam-

Elisabeth Kübler-Ross mit Teilnehmern an einem Workshop in Connecticut

melten uns einfach früh am Morgen gleich nach dem Frühstück, sangen zur Begleitung einer Gitarre ein Lied und verharrten einige Augenblicke in gemeinsamem Schweigen, um uns zu sammeln. Dann erzählte ich von einigen Schwierigkeiten, die Patienten betreffen, die sich auf den Verdacht, daß sie eine tödliche Krankheit haben könnten, einer medizinischen Untersuchung unterziehen, und die Information erhalten oder auch nicht erhalten, die sie manchmal verzweifelt wünschen und manchmal vermeiden wollen.

Eine anwesende Patientin begann sofort, ihre Erfahrung in der gegenwärtigen Phase ihrer Krankheit mitzuteilen, daß man nicht offen und freimütig mit ihr gesprochen hatte. Andere Patienten sagten, daß sie mit zu großer Offenheit konfrontiert worden seien, als sie noch nicht bereit waren, »die Wahrheit« zu hören. Und so kamen wir schon am ersten Tag innerhalb sehr kurzer Zeit zu einem äußerst sinnvollen und emotional engagierten Dialog und zu einer allgemeinen Aussprache über die Anfangsstadien der Erfahrung, »ein Patient mit einer potentiell tödlichen Krankheit zu werden«.

Der Verlauf des Workshops

Ohne eigentliche Planung verlief die Woche in einer natürlichen Entwicklung, die dem Vorgang sehr ähnlich ist, den todkranke Patienten erleben, wenn sie von der Kenntnisnahme ihrer Diagnose schließlich dahin gelangen, daß sie knapp vor ihrem Tod ihre Krankheit endgültig akzeptieren oder sich mit ihr abfinden. Am ersten Tag kam vor allem das Thema der Verleugnung, des Rollenspiels, der Ehrlichkeit und des Mitteilens zur Sprache, mit allen Aspekten, die eine offene Kommunikation unter den Menschen verhindern – ihre Ängste, Sorgen, ihre Scham- und Schuldgefühle, negative Erinnerungen und Konditionierungen. An diesem Gespräch nahmen Klinikpersonal, Familienangehörige und Patienten teil, die alle in natürlicher, beliebiger Auswahl in unserem ersten einwöchigen Workshop anwesend waren.

Am zweiten Tag kam viel Zorn hoch, der sich oft gegen den Arzt richtete, der eine Menge negativer Gefühle auslöste, die die Patienten mit sich herumtrugen. Im Lauf des Tages wurden ihnen ihre eigenen Projektionen, ihre eigenen Verdrängungen und schließlich auch ihre eigene Ungerechtigkeit bewußt, wenn sie jeden Angehörigen der helfenden Berufe über den Leisten ihrer eigenen negativen Erfahrungen schlugen.

Am Mittwoch kam viel Schmerz zutage, viele Tränen wurden vergossen, und viel Zorn kam zum Ausbruch. Aber die Abendsitzungen, die immer mit Gesang und Musik begannen, brachten die Gruppe wieder als Ganzes zusammen.

Der am meisten bewegende Aspekt dieser ersten Gruppenerfahrung war die Bereitschaft von Jungen und Alten, den anderen ihre intimsten Schmerzen, Ängste und Sorgen mitzuteilen, ohne sich darüber aufzuhalten, was die andere Person von ihnen denken würde. Jedesmal, wenn einer sich über seinen Schmerz aussprach, löste dies Tränen, Schuld- und Schamgefühle oder Zorn bei den anderen Teilnehmern aus, die sich langsam und allmählich ihrer eigenen unerledigten Dinge bewußt wurden, die sie der Gruppe später mitteilen konnten.

Zu Seite 27: Zwei Workshopteilnehmer, die einander trösten

Meine Tochter Barbara

Meine eigene Tochter, die damals acht Jahre alt war, nahm als jüngstes Mitglied an dem Workshop teil. Auch das war ungeplant. Wegen des schweren Schneefalls im Winter davor waren die Schulferien um eine Woche vorverlegt worden, und ich stellte es meinen beiden Kindern frei, entweder zu meinem ersten Workshop über Leben, Tod und Übergang mitzukommen oder die Woche in Abwesenheit ihrer Mutter zu Hause zu verbringen, was sie für eine so lange Zeit noch nie getan hatten. Mein elfjähriger Sohn beschloß, mit seinen Freunden zu Hause zu bleiben, während Barbara an meinem ersten Abenteuer mit einer Gruppe teilnahm. Sie hielt sich an die beiden Leute, die sie bereits kannte – Sheryl, eine Musiktherapeutin für todkranke Kinder, und Vicki, eine bildhübsche Krankenschwester aus Indiana. Sheryl und Vicki konnten beide mit dem Thema Tod und Sterben und mit Kindern umgehen.

Es war eine Wonne, zu sehen, wie ein Kind bei einem so emotionalen, intensiven einwöchigen Workshop mitmachen konnte, ohne das Bedürfnis zu haben wegzulaufen, obwohl die Sitzungen oft bis lange nach Mitternacht dauerten. Manchmal machte Barbara während der Pausen einen Spaziergang und sprach sich über ihre persönlichen Gefühle aus, vorwiegend mit Sheryl. Die meiste Zeit kam sie mit den Aussprachen in der ganzen Gruppe gut zurecht und offenbarte eine solche Weisheit, daß ich manchmal an eine weise alte Frau im Körper eines kleinen Mädchens denken mußte.

Damals wurde mir wohl zum ersten Mal bewußt, daß sogar meine eigenen Kinder, obwohl wir zu Hause wenig über meine Arbeit sprechen, mit meinen Grundanschauungen ganz vertraut sind. Es gab mir natürlich ein Gefühl der Befriedigung, zu wissen, daß ich nicht nur hinausging, um »der Welt zu predigen«, sondern daß etwas davon in meinem eigenen Haushalt abfärbte, ohne daß ich ausdrücklich davon sprach oder den Versuch machte, meine Ideen zu »lehren«.

Ein zorniger junger Pfarrer

Eine der bewegendsten Erinnerungen an meinen ersten Workshop und in mancher Hinsicht vielleicht das bedeutendste Ereignis in dieser ganzen Woche war die Mitteilung eines jungen, zornigen Pfarrers aus Indiana. Er kam sehr gut bei der Gruppe an, war jedoch außerstande, seinem Schmerz Ausdruck zu verleihen, obwohl dieser sich seinem Gesicht und seinem ganzen Körper eingeprägt hatte. Am Mittwoch abend forderte ich ihn heraus, seine unterdrückte Wut und seinen schlecht verhehlten Zorn »herauszubringen«. Schließlich brach es mit ungeheurer Emotion aus ihm heraus, er habe die Nase voll von diesem ganzen Gerede über sterbende Patienten und deren Familienangehörige; die Leute, die ein Kind verloren hatten, könnten eigentlich froh sein, daß es tot wäre, das alles seien Bagatellen. Das eigentliche Thema, sagte er, sei etwas, worüber wir in diesem Workshop nie geredet hätten und was tausendmal schlimmer sei als alles, was wir zur Sprache gebracht hätten.

Dann teilte er uns mit, daß seine junge Frau ihn verlassen und ihre beiden kleinen Kinder mitgenommen hatte. Seine Ehe war zerbrochen, und aus dem stolzen jungen Vater und Ehemann und einem von seiner Gemeinde hochgeschätzten Pfarrer war plötzlich ein Mensch geworden, der sich wie ein Geächteter, ein schwarzes Schaf, ein Junggeselle – gegen seinen Willen! – fühlte. Der Schmerz, die Qual und der Kummer, daß er seine Kinder verloren hatte, ohne von ihnen Abschied nehmen zu können, war viel schlimmer als die Erfahrung des Todes. Auch sein »öffentliches Image« als Pfarrer und Vorbild seiner Gemeinde litt darunter, aber das war zu diesem Zeitpunkt von zweitrangiger Bedeutung.

Trennung ohne Abschied?

Ich konnte mich ohne Mühe in ihn hineinversetzen, fragte mich jedoch, ob dieser Bruch so plötzlich geschehen war, daß er nie mehr eine Gelegenheit gehabt hatte, mit seinen Kindern zu sprechen. Als ich ihn fragte, warum er dies vor der physischen Trennung nie getan hatte, kam heraus, daß er keine Worte, keinen Begriff von der Fähigkeit von Kindern im Vorschulalter, eine solche Trennung zu verstehen, besaß. Sein hauptsächlicher Kummer, zusammen mit seinem Schmerz über seine Unfähigkeit, sich mit seiner Frau zu versöhnen, war der, daß seine Gemeinde und sein Pfarramt so viel von seiner Zeit in Anspruch genommen hatten, daß er nie dazu gekommen war, sich mit seinen beiden kleinen Kindern über diesen Schmerz und seinen Verlust auszusprechen.

Da die Kinder in erreichbarer Nähe von unserem abgeschiedenen Tagungsort wohnten, forderte ich ihn auf, am selben Abend nach Hause zu fahren und am nächsten Morgen mit den beiden Kindern zu erscheinen. Ich war gewillt, diese Kinder im Alter von fünf und zehn Jahren in unseren Workshop aufzunehmen, wobei vor allem meine achtjährige Tochter helfen sollte. Das würde ihm die Möglichkeit geben, seinen Kindern seine Sorge, seine Liebe, seinen Kummer und Schmerz zu vermitteln. Wenn das Gericht dann entschied, daß sie ihrer Mutter zugesprochen werden sollten, hätten die Kinder wenigstens die Erinnerung an diese beiden Tage und würden immer wissen, wie sehr er sie liebte und sich um sie sorgte.

Ich ging dann kurz weg und sprach mit einem anderen Patienten, und als ich in den Speisesaal zurückkam, war er verschwunden. Ich schenkte diesem Umstand wenig Beachtung, bis ich bemerkte, daß er bei der Abendsitzung fehlte. Aber siehe da, er erschien zum Frühstück. Die Kinder saßen auf seinem Schoß, und er aß fröhlich mit ihnen, kicherte und lachte, umarmte sie und sprach mit ihnen, wie er es nie getan hatte.

Die Kinder nahmen an den Sitzungen am Donnerstag und Freitag teil und hörten aufmerksam zu, was die Erwachsenen miteinander besprachen. Als der Pfarrer am Freitag mit seinen Kindern wegfuhr, strahlte er über das ganze Gesicht und war zuversichtlich, daß seine Kinder, was immer geschah, eine ganz besonders tiefe Erinnerung mit nach Hause nehmen würden.

Einige Monate später rief er mich an, um mir die unglaubliche Neuigkeit mitzuteilen, daß der Richter sich mit seinen beiden Kindern in seinem Amtszimmer unterhalten und entschieden hatte, daß die Kinder ihm zugesprochen wurden, weil die Kinder es so wollten! Die Liebe und Zuwendung der drei zueinander trat so klar zutage, daß der Richter meinte, keine andere Wahl zu haben, als das Sorgerecht für die Kinder dem Vater zu übertragen. All dies geschah im Jahre 1970, als ein solcher Gerichtsbeschluß noch etwas sehr Seltenes war.

Dies war vielleicht eine geringfügige Sache, wenn man bedenkt, mit welch tiefen Traumata und Gefühlserlebnissen – vor allem, wenn es um den Verlust eines geliebten Angehörigen geht – wir es in diesen Workshops zu tun haben, aber sie erschloß uns einen ganz neuen Weg. Es wurde uns bewußt, daß diese Workshops für eine riesige Anzahl von Menschen bedeutungsvoll sind, die durch eine Vielfalt von Schmerzen, Kummer und Verlusten hindurchgehen. Sie brachten vermutlich der ganzen Gruppe zu Bewußtsein, daß der größte Verlust nicht der Tod, sondern die Trennung von geliebten Menschen ist. Das Wissen um ihre weitere Existenz, die man mit ihnen nicht teilen darf, kann weit mehr Schmerz verursachen und eine Lösung viel schwieriger machen als die permanente körperliche Trennung durch den Tod.

Meine Tochter braucht mich

Ein anderes schönes Erlebnis während dieses ersten Workshops hatte ich wiederum mit meiner Tochter Barbara. Am letzten Tag, als es Zeit war aufzubrechen und jeder noch eine Umarmung und ein kleines Gespräch unter vier Augen wollte, kam meine Tochter sehr resolut auf mich zu und sagte: »Ich muß eine Viertelstunde mit dir alleine sein.« Ich sagte ihr, daß wir eine gemeinsame Fahrt von drei Stunden nach Flossmoor vor uns hätten, aber sie gab sich damit nicht zufrieden und erklärte noch einmal, daß sie mich alleine brauchte, und zwar *jetzt gleich*. Ich brauche nicht erst zu sagen, daß ich an meine eigenen Lehren vor wenigen Tagen denken mußte, als ich der Gruppe vermittelte, daß ein Patient, der einen *jetzt* sprechen will, wirklich jetzt meint und nicht morgen. Ich mußte lächeln, da ich wußte oder erst merkte, wie schwer es ist, das zu praktizieren, was wir anderen predigen. Bevor ich ihr antworten konnte, äußerte sie eine weitere Bedingung für unser privates Gespräch. Sie sagte: »Du mußt durch die Hintertür hinausschlüpfen, damit dich niemand mehr erwischen kann.«

Gespräch auf einem Friedhof

Gehorsam und neugierig schlüpfte ich also durch die Hintertür unseres Tagungsortes und folgte ihr, als sie durch das Gehölz des Waldes den Hügel hinauflief. Zu meiner großen Überraschung gelangten wir an einen unwahrscheinlich schönen alten Friedhof. Er war so überwuchert, daß ich ihn die ganze Woche über nicht wahrgenommen hatte. Sie ging schnurstracks zu einem bestimmten Grabstein und sagte in der ihr eigenen Art einer weisen alten Frau: »Ich will von dir nur wissen, was du davon hältst«, und deutete auf die Inschrift auf dem Grabstein. Dort standen vier Namen – eine Mutter, ein Vater und zwei Kinder. Zwei von ihnen waren offensichtlich schon gestorben, da ihr Geburts- und Todesjahr in den Stein graviert war. Ein Elternteil und ein Kind waren anscheinend noch am Leben, da nur ihre Namen und das Jahr ihrer Geburt da standen und der übrige Platz frei war.

Ich warf einen kurzen Blick darauf, und da ich von einer ganzen Woche, in der ich von Tod und Sterben geredet hatte, müde war und mich umstellen und nach Hause fahren wollte, sagte ich ganz spontan: »Ich meine, das geht etwas zu weit. Die könnten doch wohl warten und ihre Namen erst dann auf den Grabstein setzen lassen, wenn sie tot sind. Man muß nicht übertreiben.« Bevor ich noch etwas sagen konnte, stieß sie einen Seufzer der Erleichterung aus, umarmte mich, lachte und sagte: »Danke! Mehr wollte ich nicht wissen«, und lief den Abhang hinunter zum Auto, bereit, nach Hause zu fahren.

Auf der Heimfahrt wurde mir wieder einmal die Schönheit der symbolischen Sprache von Kindern bewußt. Dieses achtjährige Mädchen war unvorhergesehen und wirklich ganz unvorbereitet in letzter Minute zu uns gestoßen und hatte während fünf intensiver und äußerst emotionsgeladener Tage und Nächte an Gesprächen zwischen Erwachsenen über Tod und Sterben teilgenommen. Da war ihr offensichtlich die Frage aufgestiegen, ob ihre Mami imstande war, einen Punkt zu machen, oder ob sie jetzt nach Hause fahren und Grabsteine mit den Namen der vier Familienmitglieder bestellen und darauf warten würde, daß einer von uns stürbe, damit wir die Inschrift vervollständigen könnten. Dies war eine sehr einfache symbolische Mitteilung mit der Frage, ob die Vorbereitung auf den Tod auch einmal ein Ende hätte und ob wir jetzt umschalten und zu den Lebenden nach Hause zurückkehren könnten. Es war klar, daß meine Antwort sie befriedigte, und damit war das Thema erledigt, wie das bei Kindern so schnell geschieht, die solche Gedanken nicht mit sich herumschleppen wie Erwachsene.

Aus dieser Woche in Richmond, Indiana, gingen viele und dauerhafte Freundschaften hervor, sowohl für mich als auch für die anderen Teilnehmer – insbesondere für die todkranken Patienten, die auf einmal spürten, daß sie einen Rückhalt hatten, den sie vorher entbehrten. Workshopsteilnehmer fuhren fort, sie anzurufen, ihnen zu schreiben, mit ihnen in Verbindung zu bleiben und an Geburtstage und andere besondere Daten zu denken. Viele waren außerdem bereit, während der letzten Tage oder Stunden bei ihnen zu sein, falls sie zusätzliche Pflege oder einfach moralische Unterstützung brauchten. Viele dieser Patienten sagten mir, wie sicher sie sich fühlten, da sie wußten, daß sie nach dem Workshop einen Rückhalt haben würden, auch wenn ihre Familien sie im Stich ließen oder sich fürchteten oder in Panik gerieten. Sie waren froh, eine Gruppe von Menschen zu kennen, die ihnen jederzeit zur Verfügung stand.

Meine Tochter vertiefte ihre Freundschaft mit Sheryl, die wie eine ältere Schwester für sie wurde, und ihre Freundschaft wuchs noch weiter. Jetzt, da meine Tochter ein Teenager ist, haben sie immer noch eine schwesterliche Beziehung zueinander, und das ist wichtig für ein Mädchen, das sich immer eine Schwester gewünscht hat.

Was dieser Workshop mich lehrte, war, daß fünftägige Seminare des Miteinanderlebens nicht nur durchführbar, sondern dringend erforderlich sind. Sie sind eine natürliche Entwicklung, nicht nur zur Vertiefung unseres Wissens, wie man mit Sterbenden umgeht, sondern auch für die nötige Arbeit an uns selbst, damit wir mit Schwerkranken oder mit Menschen in einer Krise arbeiten können, ohne daß uns eigene unerledigte Dinge im Weg stehen.

Der Workshop in Ohio

Ich entsinne mich lebhaft eines meiner frühen Workshops in Ohio, wo eine Nonne mich fragte, ob ich ihrem Kloster die Ehre geben würde, mein Seminar unter seinem Dach abzuhalten. Da die vielen schönen Hektar des Klosters brachlagen, hatten die Nonnen beschlossen, ihre Pforten, Räume, ihren Grund und Boden und die Kapelle den Teilnehmern eines Workshops zu öffnen, der sich mit einem ihrer Weltanschauung und ihren Lehren nahestehenden Thema befaßte. Das Kloster St. Francis war ein enorm weitläufiger und schöner Besitz, obgleich das Hauptgebäude kalt und steril aussah und vor allem von älteren Schwestern bewohnt wurde, die noch ihr Nonnenhabit trugen. Sie waren an Frieden und heitere Stille gewöhnt, nicht an eine Gruppe lachender, singender, kichernder, weinender und zorniger Menschen, die einen Ort brauchten, wo sie viel Schmerz nach außen projizieren und den anderen mitteilen konnten.

Unsere erste Begegnung mit diesem Kloster verlief dramatisch. Ich chauffierte selbst nach Ohio, was ich noch nie getan hatte, und hinten im Auto saßen zwei Nonnen. Die ganze Strecke von Chicago bis Ohio hielten wir uns mit Liedern wach und kamen unglücklicherweise erst um ein Uhr morgens an. Wir klopften an vielen Türen des Klosters, auch an der Türe des Priesters, der noch Licht hatte. Er warf einen Blick durch den Vorhang und weigerte sich, uns einzulassen. Erst nach gehöriger Lärmentfaltung unsererseits und Störung der Nachtruhe kam schließlich eine der älteren Schwestern schlaftrunken und eher widerwillig heraus, sichtlich verdrossen über unsere späte Ankunft, und führte uns in irgendwelche Zimmer.

Als wir am nächsten Morgen zum Frühstück kamen, zündete ich mir

Elisabeth Kübler-Ross während eines Vortrages in Wisconsin

automatisch eine Zigarette an, worauf ein Dutzend Schwestern im durchschnittlichen Alter von fünfundsiebzig Jahren sehr ärgerlich aufsprangen und nachdrücklich verkündeten, daß Rauchen hier nicht erlaubt sei!

Nach dem Frühstück zeigten sie uns den Tagungsraum, der aus einem sehr kalten, rechteckigen Vortragssaal mit steifen Klappstühlen aus Metall, einer Tafel und einem Rednerpult am vorderen Ende bestand. Dies mochte ein annehmbarer Raum für einen Vortrag sein, aber er eignete sich mit Sicherheit nicht für eine intime und sehr emotionelle Aussprache, zumal die Schlafzimmer der Nonnen genau darüber lagen!

Ein Mißverständnis findet eine Lösung

Ich sprach mit der Äbtissin und erklärte ihr, daß dieser Raum nicht akzeptabel war, und bat um Alternativen. Das Gelände war riesengroß, und es gab viele Gebäude, die viel wärmer und heimeliger aussahen und einer rechten Aussprache förderlich wären, fern vom Haus der Schwestern, deren gewohnheitsmäßigen, ruhigen Lebensstil wir offensichtlich stören würden.

Einige sehr junge Novizinnen kamen begeistert zu uns und fragten, ob wir ihnen einen großen Gefallen tun wollten. Ihr Traum war, daß sie einmal ein paar Tage im Hauptgebäude mit den »echten Schwestern« verbringen durften, und sie würden uns liebend gerne das Novizenhaus leihen, wenn es uns nichts ausmachte, daß die Schlafräume eher beengt, das Wohnzimmer klein und das Haus vollgeräumt war. Wir sahen uns das Haus an und fanden es voll von Bildern, Liebe, Blumen, Kissen und Sofas. Obwohl es eng war, machte es doch den Eindruck eines warmen, gemütlichen, schönen Heimes, und es hatte genau die richtige Wohnzimmeratmosphäre, die wir brauchten, damit wir im Kreis sitzen und unsere Freuden und unseren Schmerz den anderen mitteilen konnten.

Zu meiner großen Überraschung war die Äbtissin mit diesem Tausch nicht nur einverstanden, sondern sie erschien sogar höchstpersönlich mit fünfzig Aschenbechern, damit wir es ja bequem hätten. Sie versicherte uns, daß die Schwestern alles tun würden, was in ihrer Macht stand, damit dieser Workshop nicht nur für uns, sondern auch für sie ein Erfolg würde, da sie ihr Kloster zum ersten Mal Außenstehenden geöffnet hatten. Unser schwieriger Anfang verwandelte sich dadurch in eine schöne Erfahrung für beide Seiten, daß wir offen miteinander redeten, ihnen unsere Bedürfnisse und Wünsche mitteilten, und durch ihre Bereitschaft, flexibel zu sein und Dinge zu gestatten, die früher im Kloster nicht erlaubt waren.

Eines unserer nächsten Probleme war die Anwesenheit von zwei

Rabbinern, die nur koscher aßen. Wir wußten nicht recht, wie wir der Äbtissin beibringen sollten, daß wir koscheres Essen in dieses katholische Kloster schaffen mußten. Doch wie beim Rauchen und den Aschenbechern gab es auch hier keine Einwände, und man überschlug sich förmlich, um alle unsere Bedürfnisse zu befriedigen. Das war nicht so einfach in einer kleinen Ortschaft in Ohio, wo es nicht einmal eine jüdische Lebensmittelhandlung gab.

Am Donnerstag abend, der unser letzter Abend an diesem katholischen Tagungsort war, hatten wir uns mit den Schwestern schon so angefreundet, daß wir sie alle mitsamt den Novizinnen, die uns während der Woche ihr Heim überlassen hatten, einluden, bei unserem Liedersingen um ein Lagerfeuer im Freien mitzumachen. Viele von den Schwestern stellten sich neben das Feuer und sangen Solos für uns; manche komponierten Lieder für uns, und darauf komponierten wir ein Lied für sie. Wir sangen unseren Dank den Schwestern dieses Klosters, die uns ein Heim gegeben und sich uns mit bedingungsloser Liebe geöffnet hatten, die uns gezeigt hatten, wie es auf der Welt aussehen könnte, wenn wir wie Brüder und Schwestern zusammen leben würden, ohne Menschen zu diskriminieren und nach einem vorgefertigten Bild zu beurteilen.

Da wir beschlossen hatten, uns für dieses Ritual am Donnerstag abend selbst mit Brot und Wein zu versorgen, ergab sich ein Problem, das ausgerechnet der Äbtissin auffiel. Als wir eben das Feuer anzündeten, kam sie zu mir gelaufen und sagte mit einem konsternierten Stoßseufzer: »Du liebe Güte, wir haben vergessen, koscheren Wein zu kaufen!« Bevor ich mir darüber den Kopf zerbrechen konnte, wo in aller Welt wir in dieser winzigen Ortschaft in Ohio koscheren Wein auftreiben sollten, eilte sie mit einer anderen Schwester fort und kehrte bald darauf wieder. Triumphierend brachte sie zwei Flaschen koscheren Wein, gerade zur rechten Zeit für unsere Feier. Wir lachten und dachten, was wohl ihr Priester, der sich damals über unsere späte Ankunft so aufgeregt hatte, dazu sagen würde, wenn er es wüßte.

Ein Workshop führt zu Freundschaften

An diesen Workshop habe ich viele schöne Erinnerungen. Doch ich glaube, der Höhepunkt war, daß eine Gruppe von Nonnen, die ein eher eingeengtes, von der Außenwelt ganz abgeschiedenes Leben führten, so offen, fürsorglich und liebevoll waren, daß es einem Rabbiner möglich war, sich in eine Nonne zu verlieben. Nicht nur teilten alle die Schmerzen und Freuden dieses Workshops, sondern es entstanden wiederum viele Freundschaften, die bis zum heutigen Tag dauern. Der Rabbiner und die Nonne stehen noch in brieflicher Verbindung. Wir hören zu Ostern und Weihnachten immer noch von den Nonnen, und natürlich auch am Tag des heiligen Franziskus, und all die Jahre, in denen wir uns nicht gesehen haben, hielten sie eine ständige Einladung an alle Teilnehmer des Workshops aufrecht.

Eine unerhörte, sehr traurige Anmerkung zu unserem Workshop war die Tatsache, daß wir erst am letzten Tag erfuhren, daß im obersten Stock des Klosters lauter alte, inaktive, bresthafte, behinderte und sterbende Nonnen wohnten. Als wir dies hörten, besuchten wir sie natürlich sofort, und die Nonnen vergossen manche Tränen, als sie erfuhren, was wir hier die ganze Woche über getan hatten. Wenn wir es früher gewußt hätten, dann hätten wir sie an unserem Workshop teilnehmen lassen, und wenn wir sie auf Tragbahren und in Rollstühlen hätten herunterholen müssen. Es war eine wichtige Lektion für alle Anwesenden, daß es sogar an einem Ort der Liebe wie diesem eine Tendenz gibt, solche Menschen zu verstecken und abseits zu halten aus Angst, daß sie uns beunruhigen oder daß wir sie beunruhigen könnten.

Immer mehr und immer unterschiedlichere Menschen

Diese Seminare in Indiana und Ohio waren zwei unserer *ersten Workshops*. Weil sie so erfolgreich waren, begannen wir weitere zu planen. Ich brauche nicht erst zu sagen, daß die Anzahl und die Größe derartiger Workshops seither unentwegt zugenommen hat. Nachdem wir nun Workshops auf der ganzen Welt gehalten haben, entdeckten wir, daß Menschen aller Altersstufen, Kulturen, Religionen und Berufe von ihnen profitieren. Zu Hunderten von Laien, die diese Seminare einfach deshalb besuchen, weil sie innerlich wachsen und lernen wollen, mit den natürlichen Lebenskrisen in ihrer eigenen Familie besser fertig zu werden, kommen doppelt so viele Angehörige helfender Berufe, Geistliche, Krankenschwestern, Ärzte, Therapeuten und Rechtsanwälte, außerdem viele Querschnittsgelähmte, Sterbende und Eltern sterbender Kinder.

Von Anfang an fand jeder Workshop, den wir durchführten, in einem anderen Bundesstaat, an einem anderen Tagungsort statt. Ich pendelte von einem Staat zum anderen, damit so viele Menschen wie möglich teilnehmen konnten. Ich wollte auch Bedürftige aufnehmen, vor allem Krebspatienten, die ihre sämtlichen finanziellen Mittel schon für Arzt- und Krankenhausrechnungen verausgabt hatten und es sich nicht leisten konnten, weit über Land zu fliegen. Es wurde einfach eine Frage, den richtigen Tagungsort zu finden.

Wir brauchten einen Ort auf dem Land, wo wir zusammen wohnen und unter uns sein konnten, wo keine anderen Gruppen tagten, mit einfacher, aber adäquater Unterkunft und annehmbaren Mahlzeiten. Wir brauchten einen Platz, wo wir gemeinsam essen konnten und niemanden stören würden, wenn unsere Sitzung bis eins, zwei oder drei Uhr nachts dauerte, und wo man Tag und Nacht Kaffee und Tee haben konnte. Wir brauchten Platz für Leute, die gelegentlich hinausgehen und auf dem Gelände umherwandern wollten, wenn sie Abstand von Dingen gewinnen wollten, die sie zu sehr aufwühlten und die sie nicht sofort bearbeiten konnten. Wir wollten einen Ort haben, der weit genug von der Stadt entfernt war, so daß die Leute nicht dazu verführt wurden, »am Abend in die Bar zu gehen« oder einzukaufen oder andere Ablenkungen wahrzunehmen, die ihre Erfahrung verwässern würden.

Die Tagungszentren waren so unterschiedlich wie die Menschen, die sie leiteten. Manche waren steif und zugeknöpft und unflexibel, und wir schworen, nie mehr dorthin zurückzukehren. Andere waren voll Wärme, Liebe und Fürsorge. Überall luden wir ein Mitglied des Personals ein, als Gast am Workshop teilzunehmen, um ein Geschenk zu hinterlassen.

Unsere liebsten Tagungsorte waren meistens geistliche Häuser, weil sie diese Bedingungen öfter erfüllen. Die Klöster standen für gewöhnlich auf einem weitläufigen Gelände, das uns die Möglichkeit gab, im Freien zu tagen oder während unserer sehr beschränkten Freizeit kleine Gruppen zu bilden, um uns in persönlichen Begegnungen privat auszusprechen oder um manchmal kleinere Diskussionsgruppen über spezielle Themen abzuhalten, wie Euthanasie, die Hospizbewegung, Selbstmord oder andere wichtige Fragen. Viele dieser Klöster hatten eine besondere Art der Geborgenheit und Spiritualität, die unseren Aussprachen ungemein zugute kam.

Die wachsende Nachfrage nach den Workshops

Die Anzahl der Teilnehmer nahm mit der wachsenden Spanne der Lebensalter zu, bis wir Workshops hatten, in denen der jüngste Teilnehmer elf Jahre und der älteste zweiundneunzig Jahre alt war. Es kam oft vor, daß berufstätige Leute in mittleren Jahren einen Workshop besuchten und dann einem Elternteil oder beiden Eltern eine Einladung zu einem Workshop zu Weihnachten schenkten. Die Großeltern boten sie dann als Weihnachtsgeschenk ihren Enkeln an, so daß wir innerhalb von zwei oder drei Jahren drei oder vier Generationen einer Familie kennenlernen konnten. Wenn eine Ehefrau einen Workshop besucht hatte, versuchte sie unweigerlich, ihren Mann zu überreden, im darauffolgenden Jahr zu kommen. Wenn beide Partner durch einen Workshop gegangen waren, schickten sie oft Verwandte, wenn sie meinten, daß es bei ihnen unerledigte Dinge gab. Wir haben für diese Workshops nie geworben, aber für jeden Teilnehmer erhielten wir zwischen drei und fünf Neuanmeldungen.

KAPITEL 3

Shanti Nilaya – »Haus des Friedens«

Es stellte sich sehr bald heraus, daß ich die Aufgabe, die ich übernommen hatte, nicht mehr alleine bewältigen konnte. Nicht nur hatte die Zahl der Workshopteilnehmer zugenommen, mit einer Warteliste, die immer länger wurde, sondern man schickte mir jetzt auch Klinikpersonal von so weit entfernten Orten wie Australien. Viele, insbesondere diejenigen, die Tausende von Kilometern angereist waren, meldeten das dringende Bedürfnis nach einer weiteren, über die fünftägigen intensiven Workshops hinausgehenden Schulung an.

Für mich war damals nicht einmal daran zu denken, ein solches Training anzubieten. Ich hatte genug damit zu tun, zweimal im Monat Workshops mit siebzig bis achtzig Personen zu leiten. Das machte mir bereits sehr zu schaffen; ich hatte meine Kräfte verausgabt.

Ich erinnere mich gut an einen Workshop in Santa Barbara, als ich am letzten Abend ganz erschöpft war, während die anderen beschlossen, in einem der Wohngebäude eine Party zu veranstalten. Ich sah ihnen voll Neid nach, als alle in das Musikzimmer gingen, um miteinander zu singen, sich zu unterhalten, zu tanzen und sich zu umarmen, während ich mich einer Reihe von Schwerkranken zuwenden mußte. Weder sie noch ich hatten viel von diesen Lustbarkeiten an unserem letzten gemeinsamen Abend.

Um fünf Uhr früh kehrte ich schließlich in mein Zimmer zurück, um noch zwei Stunden zu schlafen, bevor die Frühstücksglocke uns zu unserem letzten Treffen am Freitag morgen zusammenrief. Am letzten Vormittag beschäftigen wir uns meistens mit dem Thema des Loslassens und Abschiednehmens. Bevor ich eingeschlafen war, stürzte eine der Krankenschwestern strahlend in mein Zimmer und bat mich, ihren Geburtstag mit ihr zu feiern, indem wir beide den

Sonnenaufgang von meinem Fenster aus beobachteten. Ich erwiderte, daß heute meines Wissens nicht ihr Geburtstag sei, und sie fügte eilig hinzu, daß es zwar nicht ihr wirklicher Geburtstag sei, daß es aber eine Art Wiedergeburt für sie bedeutete, frei von Schuldgefühlen und Angst zu sein, und daß sie diesen Tag als den Anfang eines völlig neuen Lebens betrachtete.

Ich erinnere mich nur noch, daß ich ihr sagte, sie könne gerne den Sonnenaufgang von meinem Fenster aus beobachten, daß ich aber zu erschöpft sei, um körperlich mitzumachen. Ich sagte ihr, daß ich »im Geiste« bei ihr sein würde, wenn sie mir erlaubte, zwei Stunden in Ruhe zu schlafen, und bereit wäre, mich um sieben Uhr aufzuwecken, damit ich das letzte gemeinsame Frühstück mit der Gruppe einnehmen konnte.

Dann fiel ich in einen tiefen, tranceartigen Schlaf, in dem ich meine erste außerkörperliche Erfahrung hatte, ein Phänomen, das mir ganz und gar unbekannt war. Ja ich wußte damals nicht einmal, was »außerkörperlich« bedeutete. Ich sah, wie ich aus meinem physischen Körper herausgehoben wurde. Später beschrieb ich es so, daß eine Menge liebevoller Wesen alle müden Teile wie Automechaniker in einer Autowerkstatt aus mir herausnahmen. Es war, als wechselten sie jeden müden und abgenützten Teil meines physischen Körpers gegen einen neuen, frischen und energiegeladenen Teil aus. Ein Gefühl des Friedens und einer großen Gelassenheit durchströmte mich, ein Gefühl, buchstäblich aufgehoben zu sein und keine Sorge auf der Welt zu haben. Außerdem hatte ich die unglaubliche Ahnung, daß ich, sobald alle Teile ausgewechselt wären, viel jünger, frischer und kraftvoller sein würde als vor diesem anstrengenden und erschöpfenden Workshop.

Meine erste außerkörperliche Erfahrung

Als ich zwei Stunden später aufwachte, noch bevor die Glocke ertönte, fühlte ich mich unglaublich mit Energie geladen. Ich sprang aus dem Bett, als ob ich neun Stunden geschlafen hätte, und sah mit großem Erstaunen die Schwester an, die mit einem wissenden Lächeln dastand und mir ganz nüchtern sagte, daß ich eine außerkörperliche Erfahrung gehabt haben müsse. Ich sagte ihr, daß ich keine Ahnung hatte, wovon sie redete, teilte ihr jedoch meine Erfahrung mit. Sie verwies mich in die Bibliothek, wo ich über dieses interessante Phänomen nachlesen konnte. Natürlich brachte ich es sofort mit den Erzählungen Sterbender in Verbindung, die mir ihre Erlebnisse unmittelbar vor dem Tod mitgeteilt hatten. Sie hatten geschildert, wie sie aus ihrem physischen Körper herausgehoben wurden oder ihm entschwebten in ein Dasein ohne Zeit und Raum, wo sie auf ihren

Übergang oft vorbereitet wurden, wo sie mit liebevoller Fürsorge umgeben und ohne Ängste und Sorgen waren.

Dieses persönliche Erlebnis erregte mich sehr, und ich konnte kaum das Ende des Workshops erwarten, damit ich in die Bibliothek von Santa Barbara (und bald darauf in die Bibliothek von San Francisco) gehen und Literatur über außerkörperliche Erfahrungen aufstöbern konnte. Dort fand ich das Buch von Robert Monroe, *Journeys out of the Body* (Deutsch: Robert A. Monroe, *Der Mann mit den zwei Leben. Reisen außerhalb des Körpers,* 1981). Es ist ein eher langweiliger und blasser Text, aber trotzdem ist es vermutlich für einen Laien wie mich das beste Buch über außerkörperliche Erfahrungen. Ich wußte nicht, was diese Erfahrung bedeutete, und suchte verzweifelt nach Erklärungen und Beschreibungen dieser merkwürdigen Begebenheit, deren Realität die meisten Menschen damals bezweifelt hätten.

Wir ahnten nicht, daß dies der Anfang neuer Forschungen in unerhörtem Ausmaß war, die schließlich zum Verständnis des Todes und des Lebens nach dem Tode führen sollten.

Im Herbst 1976 kam ich an einen Punkt, wo ich erkennen mußte, daß ich diese Arbeit nicht mehr alleine weiterführen konnte. In den vergangenen zehn Jahren hatte ich kreuz und quer durch die Vereinigten Staaten, Europa, Kanada, Südamerika und Japan Vorträge gehalten, war herumgereist, hatte Workshops geleitet und zwischendurch mit unzähligen Patienten gesprochen. Meine Korrespondenz begann sich zu häufen, und ich war immer um Tausende von Briefen im Rückstand. Obwohl ich zwei Sekretärinnen zu meiner Entlastung anstellte, war es nie möglich, die Korrespondenz aufzuholen. Noch dringlicher wurde die steigende Nachfrage nach diesen intensiven Workshops. Meine Energiereserven nahmen ab.

Erschöpft und an den Grenzen meiner Energie

Vor dem Workshop in Santa Barbara hatte ich einen in Kanada mit siebzig Teilnehmern gehalten, unter denen sich ein Querschnittsgelähmter, mehrere Krebspatienten und etliche Patienten mit geistigen Störungen an der Grenze einer Psychose befanden. Am ersten Abend arbeiteten wir bis Mitternacht, am zweiten bis zwei Uhr morgens, am dritten bis drei Uhr morgens und am letzten Abend des Workshops bis fünf Uhr früh, und wir begannen unsere Arbeit jeden Tag um neun Uhr morgens. Als ich das fünftägige Seminar beendet hatte, war ich aus Schlafmangel völlig erschöpft und ausgepumpt. Und obwohl ich an der ungeheuer großen Bereitschaft zur Mitteilung und an der liebevollen Zuwendung gerade in dieser Gruppe meine Freude hatte, spürte ich, daß ich eine Woche zur Erholung brauchte, bevor ich wieder »auf die Reise gehen« konnte.

Nach diesem Workshop sah ich ein, daß ich Hilfe brauchte, und brachte seither immer einen oder zwei Assistenten mit. Von verschiedenen Mitgliedern der helfenden Berufe kam die Bitte um ein individuelleres Training über einen längeren Zeitraum. Dies schien eine unmögliche Aufgabe zu sein, da ich hektische Reisetermine habe, die mir nie gestatten, mich länger als einen oder zwei Tage an einem Ort aufzuhalten. Außerdem habe ich auf der ganzen Welt Konsultationen mit Patienten. Ich verbrachte viel Zeit damit, Gespräche zu führen, die Zeichnungen sterbender Kinder zu interpretieren und Eltern, Lehrern, Geistlichen und Psychologen allgemeine Richtlinien zu geben. Es war unmöglich für mich, Schulungskurse abzuhalten, eventuell auch für Medizinstudenten, um sie einige Monate lang in einem außerklinischen Lehrgang in diesem sehr speziellen und sich eben erst entwickelnden Gebiet der Medizin auszubilden.

Der Traum vom Haus des Friedens

Natürlich nahm allmählich der große Traum Gestalt an, einen Ort zu besitzen, der uns gehörte, irgendwo in den Bergen, so hoffte ich, die mich an meine Kindheit erinnern. Wir wollten einen Ort mit der heiteren Ruhe und dem Frieden eines Berglands, der jedoch für alle Hilfesuchenden gut zu erreichen wäre. Wir brauchten eine gute Zufahrtsstraße und einen nicht zu weit entfernten Flughafen für diejenigen, die todkrank oder behindert waren und keine Überlandfahrten im Auto auf sich nehmen konnten.

Wir nahmen uns Zeit, in den Bergen von Escondido nach einem geeigneten Ort zu suchen, und stellten uns vor, wie schön es wäre, wenn wir ein großes Grundstück fänden. Wir würden ein Zentrum eröffnen, wo wir Schulungskurse in dieser Art von Arbeit abhalten würden und wo Leute, besonders wenn sie von weither anreisten, wohnen konnten, während sie an unseren Workshops über Leben, Tod und Übergang teilnahmen. Ein Ort, wohin Menschen einfach kommen konnten, um sich mit ihrer eigenen Negativität auseinanderzusetzen, um ihren Schmerz, ihre Qual und ihre Wut zu lindern, um sich zu befreien und zu läutern und in der Lage zu sein, ihr Leben positiver und voller zu leben.

Auf einer unserer Wanderungen kamen wir an ein Stück Land, das nicht zum Verkauf angeboten war, das aber nicht nur attraktiv aussah, sondern auch einen unwahrscheinlichen Frieden und eine heitere Ruhe ausstrahlte. Es war ein Plateau von fast zwanzig Morgen Land auf dem Gipfel eines Berges, der von einem Ring felsenbedeckter Berge umgeben war. Über uns sahen wir einen blauen Himmel, rings umher Orangenbäume, gelegentlich einen Avocadobaum, wildwachsende Fliederbüsche und die typische Vegetation von Südkalifornien.

In den Bergen von Escondido, auf dem Gelände von Shanti Nilaya

Jahrelang hatte hier Dürre geherrscht, und vieles war gelb und vertrocknet; aber dieser Ort hatte etwas besonders Friedliches, das uns an keinem der anderen Orte begegnet war, wo ein Schild »Zu verkaufen« stand.

Ein Grundstück wird gefunden

Was konnten wir schon verlieren, wenn wir den Besitzer fragten, ob er die Absicht hatte, dieses Grundstück zu verkaufen? Da wir kein Geld hatten, verfolgten wir einfach einen Traum, weiter nichts. Wir wurden von einer außerordentlich liebenswürdigen und gastfreundlichen englischen Dame und ihrem überaus zuvorkommenden und liebenswerten Ehemann empfangen und mit einigen ihrer hübschen, erwachsenen Töchter bekannt gemacht. Wir vertrauten ihnen einfach unseren Traum an. Er sagte gleich, daß er schon daran gedacht hatte, sein Grundstück zu verkaufen, da seine Kinder alle herangewachsen seien und er und seine Frau keine zwanzig Morgen brauchten, die mehr Arbeit erfordern würden, als er leisten konnte. Da er zu Hause lebte, arbeitete und seinen Unterhalt verdiente, war es für ihn ein leichtes, in der Nähe oder bei seinen verheirateten Kindern einen anderen Platz zu finden, und er erwog ernsthaft, den Besitz zu verkaufen, wenn er den rechten Käufer fände.

Wir schenkten ihm reinen Wein ein. Wir sagten ihm, daß wir keine Ahnung hatten, woher wir das Geld nehmen sollten, aber daß wir auch wußten, daß dies das richtige Gelände war und daß uns das Geld schon irgendwie zufließen würde. Ich weiß nicht, was er von uns hielt. Er betrachtete uns vermutlich als ein paar phantasierende Idealisten (was in gewisser Hinsicht auch stimmt), aber er war immer freundlich und herzlich zu uns.

Als wir zwei Wochen danach wiederkamen, fanden wir ein Auto mit Interessenten vor, die Bargeld hatten und für das Grundstück sofort bezahlen wollten. Wir baten den Besitzer noch einmal, das Land für uns zu reservieren, weil wir ganz einfach ein gutes Gefühl dabei hatten und auf einer Ebene unseres Bewußtseins sicher waren, daß dies das Richtige war.

Unser größtes Problem war, genug Geld aufzutreiben, um eine Anzahlung zu leisten. Ich wußte nur einen Weg, nämlich zu einer Bank zu gehen, wo ich Kredit hatte, und ein Bankdarlehen aufzunehmen, um ein Grundstück zu kaufen. Das wurde mir prompt abgeschlagen, weil es nach irgendwelchen Bankvorschriften offenbar nicht erlaubt ist, Darlehen für Grundbesitz außerhalb des Bundesstaates zu gewähren.

Es folgten sehr schwierige Monate, und mein einziger Ausweg war ein Appell an alle diejenigen, denen ich in der Vergangenheit geholfen hatte. Ich schrieb einen Brief an alle Personen, die je an einem meiner einwöchigen Workshops teilgenommen hatten, adressierte und frankierte tausend Briefumschläge und brachte sie auf das Postamt von Flossmoor. Ich hoffte, daß irgend jemand uns irgendwo und irgendwie genügend Geld geben würde, damit wir eine Anzahlung für Shanti Nilaya machen konnten.

Dann kamen Briefe voll liebevoller Unterstützung und Ermutigung, mit sehr vielen schönen Gedanken und Ideen, jedoch sehr wenig Geld. Jede Dollarnote wurde sorgfältig aufbewahrt und in eine Metallbüchse mit der Aufschrift »Shanti Nilaya« getan. Jedesmal, wenn ich nach Kalifornien flog, machten wir bei den dortigen Banken die Runde und fragten an, ob wir von ihnen Geld bekommen konnten. Wir wurden dort mit unglaublicher Grobheit empfangen. Ich weiß nicht, ob das an meiner naiven Art lag oder an der Tatsache, daß ich als eine ihnen unbekannte, fremde Frau um eine große Geldsumme vorstellig wurde, oder ob es die allgemeine Gepflogenheit war, Leuten von außerhalb des Staates kein Geld zu leihen; jedenfalls hatte ich am Ende meiner Suche wenig Hoffnung, daß wir jemals ein genügend hohes Darlehen bekommen würden, um das Grundstück zu kaufen.

Am letzten Tag, bevor die für uns hinterlegte Übertragungsurkunde verfiel, kam mit der Post ein Brief von einer Gruppe todkranker Kinder aus Rhode Island. Sie schrieben, daß sie gerne einen Beitrag zu Shanti Nilaya leisten wollten, obwohl sie wußten, daß sie sterben würden, bevor sie etwas davon hätten. Sie hatten beschlossen, ihre Sparschweine auszuleeren und den Priester zu bitten, die Fünf- und Zehncentstücke zu zählen und uns einen Scheck in der Höhe von 3.96 Dollar auszustellen. Als ich den Brief und den Scheck dem Besitzer des Grundstücks zeigte, dessen Schwiegertochter mit meiner Arbeit vertraut war, erhielten wir die Zusicherung, daß sie das Grundstück behalten würden, bis wir das Geld dafür hätten. Sie würden dieses besondere Stück Land für uns aufheben, und sie hielten Wort. Sie hielten nicht nur ihr Versprechen, sondern hinterließen eine Menge wichtiger Dinge für unseren Gebrauch, wie Betten, Bettwäsche und Haushaltsgeräte, die für uns »Anfänger« eine große Hilfe waren.

Die Einweihung von Shanti Nilaya

Die Einweihung von Shanti Nilaya fand am Morgen des Erntedankfests, am 27. November 1977, bei Sonnenaufgang statt. Zu unserer großen Überraschung kamen über tausend Menschen aus allen Teilen des Landes. Manche kamen in Rollstühlen, manche in Autos und auf Motorrädern, viele kamen in gemieteten Bussen, um die Eröffnung unseres ersten, doch nicht unseres letzten Shanti Nilaya mit uns zu feiern.

Vom Gipfel aus hielt ich eine Begrüßungsansprache in dem Augenblick, als die Sonne hinter den größten Felsen hervorbrach. Zwei ehemalige Teilnehmer von Workshops spielten »The impossible dream« auf der Trompete, und das Echo hallte über das Tal und über die Berge, über die Menschenmenge, die voll Rührung und Ehrfurcht diesem Geschenk der Liebe von zwei Menschen lauschte, die noch nie in der Öffentlichkeit aufgetreten waren. Einige bekannte Sänger und Musiker führten ihre eigenen Schöpfungen vor, und einer unserer Freunde sang etwas aus der *Zauberflöte*. Wir veranstalteten eine Versteigerung von selbstgebastelten Dingen, die wir während der vorhergehenden Monate hergestellt hatten, um unsere Rechnungen zu bezahlen. Ich hatte die letzten sechs Monate häkelnd und strickend verbracht und hatte Kissen, Kerzen und andere kunstgewerbliche Arbeiten für den Tag der Eröffnung angefertigt. Wir verdienten damit gerade genug Geld, um die Miete der Schulbusse, die Unterhaltskosten, den Kaffee, den wir servierten, und die Zelte, die wir als transportable Geschenkläden gemietet hatten, zu bezahlen. Diese wundervollen Menschen, die dabei waren, scheuten sich nicht, in den frühen Morgenstunden aufzustehen, um in dem Augenblick auf dem Berggipfel zu sein, als die Sonne aufging und ihre Strahlen durch die Bäume hindurch auf die Felsen von Shanti Nilaya fielen.

Schwierigkeiten und Prüfungen

Wir machten seither stürmische Zeiten durch und mußten gegen ungeheure Schwierigkeiten ankämpfen. Nachdem wir eine Reihe von Verbesserungen vorgenommen und die Straße zum Gipfel des Berges instand gesetzt hatten, wurde uns die Sondergenehmigung zur Errichtung zusätzlicher Gebäude verweigert, die uns erlaubt hätte weiterzumachen, wenn wir unsere Workshops hier hätten abhalten können. Der Grund dafür war der, daß es keine zweite Zufahrtsstraße gab und die Brandgefahr in Zeiten der Dürre für zu hoch veranschlagt wurde. Dieser Entscheidung der Gemeinde müssen wir uns natürlich beugen.

Wir verwenden den Ort jetzt als unser Verwaltungszentrum und zur Ausbildung von Personal für zukünftige Shanti Nilayas im Lande sowie in Übersee; und wir müssen immer noch andere Tagungsorte für unsere Workshops mieten. Dies gehört alles zur Prüfung – es ist die »Schleudertrommel des Lebens«, durch die wir alle gewirbelt werden, um die Spreu vom Weizen zu scheiden.

Es gab viele Menschen, die nach Kalifornien ziehen wollten und Shanti Nilaya als einen Hafen oder als eine mögliche Kommune betrachteten, in der sie künftig leben könnten. Viele von ihnen hofften, daß sie nicht hart arbeiten müßten, um von den mannigfaltigen Lehren zu profitieren, die wir an alle Suchenden weitergeben wollten. Viele gingen enttäuscht fort, weil eine Voraussetzung für die Arbeit in Shanti Nilaya darin besteht, daß jeder einzelne meiner Mitarbeiter, sei es der Gärtner oder der Monteur, der medizinische Direktor oder der Yogalehrer, an sich selbst arbeiten muß. Sie müssen alle Prüfungen und Erfahrungen mit der »Schleudertrommel« bestehen, die unsere Workshopteilnehmer durchmachen, bevor sie als geeignete Mitarbeiter in Shanti Nilaya, hier oder in Übersee, in Betracht kommen.

Scheidung von Spreu und Weizen

Viele Leute, die jahrelang als Psychologen gearbeitet haben, meinen, daß ihre akademische Ausbildung ausreichend sei. Und wenn sie einen Workshop über Leben, Tod und Übergang mitmachen, sind sie eingeschüchtert und betroffen darüber, wieviel Negativität bei ihnen selbst hochkommt. Viele sind nicht gewillt, diesen Preis der Arbeit an ihrem eigenen inneren Wachstum für eine schlecht bezahlte Stellung als Mitarbeiter von Shanti Nilaya zu entrichten.

Das Resultat war natürlich ein ungeheurer Schwund früherer Fans, von Leuten, die mit phantastischen Vorstellungen und Träumen gekommen waren, daß sie an einem paradiesischen Ort auf dem Gipfel eines Berges leben würden, ohne sich öffnen und etwas von sich selbst geben zu müssen.

Die Scheidung von Spreu und Weizen kommt immer wieder vor. Wir haben jetzt eine wunderbare, einsatzbereite Gruppe von Menschen übrig, die gewillt waren, durchzuhalten und an sich zu arbeiten, und die aus der Schleudertrommel als Edelsteine hervorgingen, anstatt darin zermalmt zu werden.

Wir haben immer noch keine Heimat; wir mieten die gegenwärtigen Einrichtungen, bis wir genügend Mittel haben, um Land zu kaufen und unser Traumzentrum zu bauen. Wir üben uns in Geduld und versuchen, die Zeit zu unserem Freund zu machen!

Inzwischen fragen uns Menschen in allen Teilen des Landes und der Welt oft bei Vorträgen, in Telefonanrufen und Briefen: »Was *ist* Shanti Nilaya?« Wir haben die Frage in einer Spalte unseres Rundbriefes beantwortet, der an mehr als fünfundzwanzigtausend Menschen ausgesandt wird, die ihn anfordern und die noch auf andere Art mit uns »verbunden« bleiben wollen. In dieser Spalte schrieben wir:

Die Worte »Shanti Nilaya« stammen aus dem Sanskrit und bedeuten Haus des Friedens. Doch dieser besondere »Hort« ist kein bestimmter Ort. Er ist kein Geschäft, keine Firma, keine Gruppe von Häusern auf einem Grundstück.

Shanti Nilaya ist ein Konzept, kein Haus aus Beton. Dieses Konzept ist im Herzen all jener bewahrt, die wissen und wirklich begreifen, was bedingungslose Liebe ist, und die sie praktizieren. Das Konzept von Shanti Nilaya besagt, daß ein Hort des Friedens in jedem von uns ist. Wenn wir dorthin gehen, sind wir sicher und werden nicht verurteilt, wir sind akzeptiert und bedingungslos geliebt. Wenn wir dorthin gehen, finden wir Platz genug, um so viele Menschen in unseren Raum der Liebe einzubeziehen, wie wir um uns haben. Es ist immer genug Platz, es herrscht niemals Mangel, und es fehlt an nichts.

Shanti Nilaya – das sind Menschen, die lieben

»Shanti Nilaya« ist kein besonderer Ort in Escondido, Kalifornien, oder in Sao Paulo, Brasilien, oder in Australien oder Holland oder an der Ostküste. Es ist kein multinationaler Konzern mit über die ganze Landkarte verstreuten Zweigniederlassungen. Shanti Nilaya ist Schönheit, kein Gebäude; Gnade, nicht Grundbesitz; Tapferkeit, kein Konzern; Mitgefühl, keine Handelsgesellschaft; Liebe, kein Gesetz; Hingabe, kein Doktordiplom.

Es bedeutet Menschen, die Menschen lieben. Menschen, die für andere Sorge tragen. Menschen, die sich selbst und ihren unverwechselbaren Platz im Universum kennen und verstehen lernen.

Es ist wahr, daß unsere Arbeit weitgehend mit Todkranken, mit sterbenden Kindern, mit Eltern, die ein Kind verloren, und mit anderen, die im Leben Verluste erlitten haben und sich mit ihrem Schmerz, ihrem Zorn und ihrer Sorge auseinandersetzen, zu tun hat. Sie umfaßt aber noch mehr als dies. Sie wurde von einer sich immer weiter entfaltenden Vision inspiriert und von Ihrer aller Liebe getragen.

Wir erhalten viele Briefe von Leuten, die uns fragen, wie sie in ihrer eigenen Gemeinschaft in unserem Sinne arbeiten können. Viele Verfasser solcher Briefe teilen uns mit, daß sie Psychologen oder Organisatoren von Hospizen, Sozialarbeiter oder freiwillige Krankenpfleger, Laienpfarrer und Betreuer sind. Und sie wollen wissen, wie sie an die Mission von Shanti Nilaya »Anschluß bekommen« können.

Natürlich sagen wir ihnen voll Gück und Freude, daß sie bereits dabei sind, die Arbeit von Shanti Nilaya zu leisten, und daß sie so weitermachen sollen!

Wenn Sie eine Sekretärin oder ein Büroangestellter, ein Polizist oder eine Radioansagerin sind, dann tun auch Sie die Arbeit von Shanti Nilaya, wenn Sie Ihre Arbeit aus Liebe, um ihrer selbst und anderer willen tun.

Das Wichtigste an Shanti Nilaya ist, daß seine größte Botschaft von Menschen aller Religionen, jeglicher Herkunft und Erfahrung und aus allen Lebensbereichen angenommen werden kann. Man braucht an keine spezifischen theologischen Lehren zu glauben, um diese größere

Botschaft zu vernehmen. Man braucht nicht einmal ein »Freund von Shanti Nilaya« zu sein, weil diese Botschaft nicht »uns gehört«. Sie ist universell. Und sie ist schön in ihrer Einfachheit.

In jedem von uns steckt ein Potential von Güte, von dem wir uns nichts träumen lassen; von der Fähigkeit zu geben, die keinen Lohn verlangt; der Fähigkeit zuzuhören, ohne ein Urteil zu fällen; der Fähigkeit, bedingungslos zu lieben.

Es ist unser Ziel, dieses Potential zu verwirklichen. Wir können uns jeden Tag und jede Minute daran annähern, im Großen oder im Kleinen, wenn wir es versuchen.

Wenn wir diesen Weg gefunden haben, dann haben wir in unserem Inneren ein eigenes »Haus des Friedens« errichtet. Das »äußere« Shanti Nilaya versucht lediglich, denjenigen zu helfen, die auf der Suche sind und ihr »inneres« Shanti Nilaya finden wollen.

Die »Freunde von Shanti Nilaya«

Es gibt jetzt in der ganzen Welt Gruppen der »Freunde von Shanti Nilaya«, die von Menschen ins Leben gerufen wurden, die von unserer Arbeit berührt wurden und jetzt andere berühren möchten, von Leuten, die an ihrem inneren Wachstum gearbeitet haben, die mit ihren unerledigten Dingen in etwa fertig geworden und nun in der Lage sind, anderen als wahre Leuchten auf ihrem Weg zu dienen.

Diese Gruppen bezwecken, unsere Arbeit und Lebensanschauung in ihrer eigenen Gemeinschaft zu unterstützen. Alle Aktivitäten, Programme und Dienstleistungen der »Freunde von Shanti Nilaya« werden denen, die sie empfangen, gratis gegeben. Die Gebenden tun ihren Dienst freiwillig.

Während einer Workshoppause in Shanti Nilaya

Einige »Freunde von Shanti Nilaya«, die eine besondere Schulung erhielten, richten »Klageräume« in Schulen ein, und manche organisieren solche Räume auch in Gefängnissen und Krankenhäusern. Andere bieten wöchentliche Gruppen zur moralischen Unterstützung von Menschen an, die sich über einen schmerzhaften Verlust aussprechen und lernen möchten, von ihren Ängsten und Schuldgefühlen loszukommen. Personen, die zu diesen Gruppen stoßen, erfahren die Freiheit der Vertraulichkeit und der von keinen Erwartungen belasteten bedingungslosen Liebe. Manche »Freunde von Shanti Nilaya« halten eine Telefonleitung bereit für Menschen, die einen Angehörigen oder Freund durch Selbstmord, Mord, durch einen Unfall oder unerwartet durch Krankheit verloren haben. Die meisten dieser Gruppen geben pädagogisches Material aus, informieren über Hilfseinrichtungen für Todkranke und halten ein Netzwerk bereit zur Unterstützung von Menschen in ihrer Gemeinschaft, die einen Schmerz oder eine Krise durchmachen. Alle Gruppen fördern unsere Workshops und Vorträge.

Worin die einzelnen Programme, Dienstleistungen und Aktivitäten auch bestehen, die »Freunde von Shanti Nilaya«, von der Ostküste bis zur Westküste sowie in zahlreichen Ländern auf der ganzen Welt, haben es auf sich genommen, anderen in der liebevollsten, fürsorglichsten, vertraulichsten Art zu helfen, ihre unerledigten Dinge aufzuarbeiten, damit sie ein volleres Leben führen können, bevor sie sterben.

Ein Beispiel für unsere Arbeit

Ein bewegendes Beispiel aus der jüngsten Vergangenheit, wie die »Freunde von Shanti Nilaya« in unserem Netzwerk arbeiten, ereignete sich, als eine Frau aus dem Mittelwesten am Rand unseres Anmeldeformulars mit roten Buchstaben von ihrem hilflosen, hoffnungslosen Zustand schrieb. Jane, so wollen wir sie nennen, teilte uns ihre Qual mit und äußerte, daß sie sich das Leben nehmen wolle.

Jane hatte eine geheime Telefonnummer, weshalb es für uns unmöglich war, sie sofort zu erreichen. Wir riefen »Freunde von Shanti Nilaya« in Chicago an und baten um Hilfe. Ein freiwilliger Helfer fuhr eine beträchtliche Strecke zu Janes Haus. Nach einem dreistündigen Gespräch faßte Jane den Entschluß, am Leben zu bleiben und der wöchentlichen Selbsthilfegruppe beizutreten, die unsere Gruppe in Chicago organisiert hat. Wir haben von Jane gehört, und sie beschäftigt sich bereits mit Ideen, wie sie uns helfen kann, andere zu unterstützen.

Es ist wunderbar, zu sehen, wie diese Projekte wachsen und sich über die Welt verbreiten, und ich empfinde es als eine Gnade, daß ich bei ihrer Gründung und Betreuung eine Rolle spielen durfte.

KAPITEL 4

Betty

In diesem Buch möchte ich Erfahrungsberichte aus unseren Workshops bringen und zugleich die für ein Buch dieser Art nötigen didaktischen Informationen geben.

Eine der Erfahrungen, an die ich mich am häufigsten erinnere, ist diejenige mit Betty, einer unverheirateten Frau in mittleren Jahren, die in der Wohnung ihrer Schwester, einer Krankenschwester, und ihres Schwagers lebte. Betty hatte eine tödliche Lungenkrankheit, hatte sehr stark abgenommen und war nur noch Haut und Knochen. Sie sah viel schlimmer aus als die Opfer von Konzentrationslagern, die ich in meinem Leben gesehen habe.

Sie kam an einem Freitag nachmittag zu mir, als sie kaum atmen konnte und nach Luft schnappte wie ein Fisch, den man aus dem Wasser gezogen hat. Sie gab sich die größte Mühe, mit mir zu sprechen, und sagte, daß sie es auf sich genommen hatte, von zu Hause zu mir zu fahren, sonst wäre sie explodiert. Und da ihre Energie so beschränkt war, konnte sie einfach nicht zehn Tage warten, bis ich von einem geplanten Workshop zurückgekehrt wäre. Sie wußte nicht, ob sie in zehn Tagen noch leben würde, und sie hatte solche Schmerzen und so viel, was sie noch erledigen mußte. Sie mußte es sich von der Seele reden, dann würde sie vielleicht sogar besser atmen können.

Eine Frau am Rande des Todes

Ich saß an meinem Kaffeetisch und betrachtete diese Frau, deren Lebensflamme zu verlöschen schien. Nach Luft ringend, berichtete sie mir von ihrem großen Schmerz und Kummer, von ihrer Einsamkeit und Ablehnung und vor allem von ihrem ungeheuren Zorn und Ressentiment, daß die einzige Freude, die sie im Leben noch hatte, ihr treuer Freund war – und daß dieser Freund im Hause der Schwester, die sie nicht nur unterstützte, sondern sie für die letzten Wochen ihres Lebens zu sich genommen hatte, kaum toleriert wurde. Sie wollte jeden Tag und jede Nacht mit ihrem Freund verbringen, was für die Schwester überhaupt nicht in Frage kam, die sehr strenge moralische Grundsätze hatte und nicht einmal bereit war, mit ihr darüber zu reden.

Ein gewagter Vorschlag und seine Folgen

Ich hörte ihr mit Geduld zu und versetzte mich in sie hinein und fragte mich, warum wir uns über andere immer ein Urteil anmaßen. Warum machen wir es vielen Sterbenden während der letzten Tage ihres Lebens so schwer, eine liebevolle Betreuung zu bekommen, wenn sie nur eine Umarmung und eine Schulter brauchen, an die sie sich anlehnen können? Wie ich es so oft tue, sagte ich ihr impulsiv, daß sie unbedingt zu meinem Workshop kommen solle. Und obgleich sie das Ende des Workshops höchstwahrscheinlich nicht erleben würde, wäre jeder Tag in einer Gruppe um sie besorgter, mitteilungsbereiter und liebevoller Menschen ein großer Segen. Sie würde ihr ganzes Ressentiment und ihren Haß abbauen können, und wenn sie auch am Dienstag oder Mittwoch stürbe, wäre es eine positive Erfahrung für sie, von einer Gruppe von Menschen umgeben zu sein, die sie verwöhnen, sie lieben, mit ihr singen und lachen würden. Am wichtigsten wäre aber, daß die Gruppe ihr helfen würde, ihren ganzen Schmerz, die Tränen, ihren Groll und das Gefühl, ungerecht behandelt zu sein, hinter sich zu lassen.

Sie sagte voll Begeisterung zu, und erst, nachdem ich mein Angebot gemacht hatte, fiel mir ein, daß der Workshop in Colorado Springs stattfinden sollte. In einer Gegend von solcher Höhe würde diese Frau vermutlich kaum in der Lage sein zu atmen. Um mein Versprechen jedoch einzulösen, rief ich ihren Arzt an und bat um Erlaubnis, sie »entführen« zu dürfen. Zu meiner großen Überraschung, und natürlich wiederum nicht zufällig, stellte sich heraus, daß der Arzt ein Lungenspezialist war, der mich vor einigen Jahren behandelt hatte, als ich an einer schweren Lungenentzündung erkrankt war. Da er mich kannte und mir vertraute, machte er mich auf das große Risiko wegen der äußerst schwachen Lungenkapazität dieser Frau aufmerksam und gab mir dann nicht nur seinen Segen, sondern auch den guten Rat, die offizielle Erlaubnis der Familie einzuholen, damit sie mir später keine Vorwürfe machte.

Betty fuhr nach Hause und konfrontierte ihre Schwester und ihren Freund mit ihrem Plan. Ihre Schwester stimmte offenbar nur widerstrebend zu, aber ihr Freund war entzückt, daß Betty die Gelegenheit hatte, einige Tage mit teilnehmenden, liebevollen und großzügig denkenden Menschen zu verbringen. Am nächsten Tag brachte er sie im Rollstuhl auf den O'Hare-Flughafen, wo wir Sauerstoff für sie bereit hatten. Ich tauschte unsere Tickets der Touristenklasse in erste Klasse um, um ihr »die letzte große Freude ihres Lebens« zu bereiten.

Ich hatte keine Ahnung, daß sie vor dem Fliegen Angst hatte und daß der Fensterplatz, den ich für sie reserviert hatte, eher eine Bedrohung als eine Freude für sie bedeutete. Doch mit der Hilfe von Sauerstoff und einem Whisky Soda konnte sie ihre Angst vor dem Start verbergen. Als wir uns über Kansas befanden, war sie schließlich in der Lage, zum Fenster hinauszusehen und die Aussicht auf das in der Tiefe liegende Land zu genießen.

Sie wohnte dem ganzen Workshop im Rollstuhl bei. Eine Krankenschwester teilte das Zimmer mit ihr, horchte auf ihren Atem und gab ihr die nötigen Medikamente. An den Nachmittagen, wenn wir Wanderungen in den Bergen unternahmen, liehen wir uns einen Kombi von einem der Teilnehmer aus und fuhren sie an die höchsten Stellen der Berggipfel, die wir mit dem Auto erreichen konnten. Von dort trugen wir sie bis an den Rand des Gebirges, und sie fand ihr Leben sehr schön. Sie war wie ein Kind, das blind gewesen war und nun zum ersten Mal sehen konnte.

Aufatmen, sich mitteilen und offen werden

Jeden Tag schien sie jünger und gesünder zu werden. Sie atmete leichter, nachdem sie ihre Qual und ihren Schmerz, ihre Wut und ihr Gefühl der Ungerechtigkeit externalisiert und den anderen mitgeteilt hatte. Sie sprach mit uns über die wenigen Augenblicke der Zärtlichkeit in ihrem Leben, die sie durch ihren Freund erfahren hatte, und von ihrem großen Widerwillen, in ein Heim zurückzukehren, wo man ihren Freund kaum duldete, anstatt ihn als ein liebevolles Geschenk zu akzeptieren, das er ihrem Leben darbrachte.

Am Donnerstag abend, unserem letzten gemeinsamen Abend, zog sie sich in ihr Zimmer zurück. Sie war deprimiert und wollte nicht nach Chicago und in die Wohnung ihrer Schwester zurück. Sie fiel in das typische trotzige und launische Verhalten eines Kindes, das nicht in seine Klavierstunde gehen will. Wir rührten nicht an diese Negativität, sondern ließen sie in ihrem Zimmer allein und sagten ihr, daß wir sie nach dem Frühstück zu unserer letzten Sitzung am Freitag morgen erwarteten. Sie kam nicht, und keiner ging, um sie zu holen, da es uns klar wurde, daß sie beschlossen hatte, an diesem Morgen zu sterben, um diese Gipfelerfahrung als den letzten Tag ihres Lebens zu bewahren.

Wir hatten ihr ihre Selbstsucht zu Bewußtsein gebracht und sie ermutigt, nach Hause zu fahren und ihre Freude über ihre Erfahrung des inneren Wachsens mit ihrer Schwester zu teilen. Wir hatten ihr zu Bewußtsein gebracht, wie nötig es war, daß sie ihrer Schwester ein

Geschenk machte für die Betreuung, die sie ihr gegeben hatte, trotz der Widerwilligkeit der Schwester und ihrer häufigen Intoleranz gegenüber dem Verhalten der Patientin.

Nachdem wir am Freitag morgen unsere Sitzung ohne sie begonnen hatten, hörten wir gegen zehn Uhr plötzlich ein großes Gepolter an der Tür, und die Patientin lenkte zornig ihren Rollstuhl durch die Leute in die Mitte des Kreises. Sie warf uns vor, daß wir uns nicht um sie kümmerten und nicht einmal wußten, ob sie nicht schon gestorben war, während wir unsere Morgensitzung abhielten. Wir machten sie auf ihr negatives Verhalten und Ausagieren aufmerksam, und endlich sah sie ein, daß sie sich innerlich zurückzog und ihren Zorn und ihre Wut auf andere Leute projizierte, wie sie es oft mit ihrer Schwester getan haben mußte. Am Ende lachten wir alle und fielen uns in die Arme, und sie begann, sich auf ihre Rückkehr nach Hause zu freuen, wo sie versuchen wollte, ihrer Familie einiges von ihren positiven Erfahrungen zu vermitteln.

Ich brauche nicht erst zu sagen, daß sie ein ganzes Büchlein voll Adressen und Telefonnummern mitnahm. Und wir schenkten ihr ein Tonband mit unseren Liedern, die wir während der Sitzung am Freitag morgen, die sie versäumt hatte, gesungen hatten. Noch Wochen und Monate später versorgten wir sie mit Broschüren, Tonbändern und Musik, die wir aufgenommen hatten, damit sie die Erinnerung an ihre Erfahrung behielte und bei ihrer positiven Einstellung anstatt des alten negativen Ausagierens bliebe.

Überraschende Lebensverlängerung

Sie lebte zur großen Überraschung der Familie und ihres Arztes noch anderthalb Jahre. Für uns war das vielleicht eine weniger große Überraschung, da wir so viele schwerkranke Patienten erlebt haben, die aus diesen Workshops mit neuer Energie und mit neuen Lebensgeistern hervorgingen, die ihre Lebensspanne um Wochen und manchmal um Jahre verlängerten.

KAPITEL 5

Emotionen als Freunde

Wenn wir die Stärke und den Mut haben, unseren Emotionen offen zu begegnen und jede einzelne als einen Teil von uns zu akzeptieren, können wir, wie die Geschichte von Betty auf dramatische Weise illustriert, nicht nur mit unseren »unerledigten Dingen« aufräumen, sondern unserem Leben Wochen, ja sogar Jahre hinzufügen. Diese Beobachtung haben wir oft und über viele Jahre hin gemacht, und es lohnt sich, wiederholt darauf hinzuweisen.

Wir werden täglich von Emotionen bombardiert. Einige von ihnen sind natürlich, andere nicht.

Welche sind nun diese natürlichen und unnatürlichen Emotionen? Gott hat den Menschen mit nur fünf natürlichen Emotionen geschaffen, die dazu da sind, daß der Mensch sein Schicksal erfüllen und alle die positiven Erfahrungen machen kann, die das physische Leben einem menschlichen Wesen bietet.

Natürliche und unnatürliche Emotionen

Unglücklicherweise wurden über Jahrzehnte und Jahrhunderte manche dieser natürlichen Emotionen unterdrückt und durch ungesunde, destruktive oder selbstzerstörerische Emotionen ersetzt, die nicht nur viel Aufruhr in unserem persönlichen Leben, sondern auch viel Spannung und Aufruhr in unseren zwischenmenschlichen Beziehungen verursachen. Dies führt zu Machtkämpfen und zu Kriegen unter den Menschen und Nationen, und auf dem Planeten Erde haben uns diese Emotionen an den Rand der Selbstzerstörung geführt.

Der Mensch wurde mit nur zwei natürlichen *Ängsten* geschaffen. Die eine ist die Angst vor dem Fallen aus großer Höhe und die zweite die Angst vor lauten und unerwarteten Geräuschen. Alle anderen Ängste dienen nicht der Erhaltung des Lebens und werden leider von Erwachsenen auf Kinder übertragen als eine Projektion ihrer eigenen Ängste, ihrer eigenen Unsicherheiten und Ambivalenzen und manchmal ihrer eigenen Wut, Rachsucht und ihrer Haßgefühle. Kinder, die so erzogen werden, daß sie Angst vor dem Dunkel, Angst vor Menschen, Angst vor dem Überqueren einer Straße, Angst etwas zu wagen und zu riskieren haben, werden kein Selbstwertgefühl und keine gesunde Eigenliebe entwickeln können. Sie werden emotionell verkrüppelt und abhängig werden und sich anklammern und gleichzeitig bitter, voll Ressentiment und unersättlich sein, weil niemand ihre Bedürfnisse je befriedigen wird.

Zorn, Haß und Ressentiment

Zorn ist eine natürliche Emotion. In seiner natürlichen Form braucht er nur fünfzehn Sekunden, lange genug, um »nein, danke« zu sagen, damit wir eine innere Autorität und eine gesunde Selbstbehauptung entwickeln können. Natürlicher Zorn richtet sich niemals gegen Menschen und darf nie dazu verwendet werden, um dem Mitmenschen zu schaden. Wer seinem natürlichen Zorn nie Ausdruck verleihen durfte, wer bestraft, geschlagen oder auf sein Zimmer geschickt wurde, wenn er ein festes und entschiedenes »Nein« aussprach, wird immer ein Reservoir von unterdrücktem Haß, Zorn und Ressentiment in sich haben, und es bedarf oft nur eines kleinen Funkens oder Auslösers, daß dieser Mensch explodiert, auf einen anderen losgeht oder verbal oder physisch um sich schlägt. Mit natürlichem Zorn geht man mit Verständnis und Mitgefühl um, ohne andere Menschen physisch oder emotionell zu verletzen. Wenn der natürliche Zorn sich in der Kindheit nicht ausdrücken darf, wird er sich allmählich in Haß, Rachebedürfnis und Negativität verwandeln, die sich nicht nur auf unseren Mitmenschen, sondern auch auf unsere Gesundheit in einer noch schädlicheren Weise als jede andere negative Emotion auswirkt. Haß kann langsam und allmählich einen Menschen im buchstäblichen Sinn töten, wenn wir diesen Haß nicht loswerden, bevor er den unvermeidlichen physischen Schaden angerichtet hat. Wir können ihn externalisieren und hinter uns lassen. Dies ist ein Prozeß, der sich in unseren Workshops am besten bewährt hat, wo wir oft mindestens einen latenten Massenmörder vorfinden. Der auslösende Funke versetzt solche Menschen einige Minuten lang in eine wahrhaft mörderische Wut. Solange die Gruppenleiter vor dieser Art von psychotischem, mörderischem Verhalten keine Angst haben, sind sowohl der Patient als auch die Gruppe vollkommen sicher. Das Individuum, das den Mut hat, diese Negativität vor seinem Mitmenschen aufzudecken, muß sich vollkommen sicher und geborgen in einer Umgebung fühlen, wo es nicht nur physisch geschützt ist, sondern wo auch ein Höchstmaß an Vertraulichkeit garantiert wird.

Trauer ist die dritte natürliche Emotion, die einfach dazu dient, daß die Menschen mit den Tausenden von kleinen Todeserlebnissen, die wir unsere ganze physische Existenz hindurch erfahren, fertig werden können. Die Trauer eines Kindes um den Verlust einer Kuscheldecke kann ebenso traumatisch sein wie der Verlust ihres Babys für eine Mutter. Für einen Gärtner, der einen ganz besonderen Baum erworben hat, kann es ebenso verheerend sein, diesen Baum im Frühjahr tot oder durch Vandalismus zerstört vorzufinden, wie wenn ein anderer sein Lieblingstier verliert. Wir erleiden eine Million kleiner Tode während unseres Wachsens, und auf jeden von ihnen könnten wir mit dem Ausdruck von natürlicher Trauer und mit Tränen reagieren. Wir würden uns dann einer neuen Herausforderung des Lebens zuwenden können. Wenn wir als Kind nie in einer angemessenen, gesunden Art mit einem Verlust umgegangen sind, werden wir oft zu verbitterten, deprimierten Menschen, die im Selbstmitleid ertrinken, meist in der Vergangenheit leben, sich über das »Heute« beklagen und sich vor dem »Morgen« ängstigen und sorgen. Diese Leute fühlen sich immer mißverstanden und verbringen die meiste Zeit damit, von anderen die Befriedigung ihrer Bedürfnisse zu erwarten – die aber nie befriedigt werden. Wir sind für die Befriedigung unserer Bedürfnisse und die Erfüllung unserer Wünsche nämlich selbst verantwortlich!

Eine weitere natürliche Emotion ist die *Eifersucht.* Sie motiviert Kinder, ihren Freunden nachzueifern, das ABC zu erlernen, Flöte spielen, eislaufen und ihr erstes Buch lesen zu lernen, um einer Lieblingstante zu Weihnachten eine Freude zu bereiten. Sie regt Kinder an, etwas zu erreichen, zu wachsen, zu lernen, neugierig zu sein. Wenn diese positive Eifersucht in unserer Kindheit herabgesetzt oder bestraft wird, verwandelt sie sich in häßlichen Neid und Konkurrenzgeist, der so viele menschliche Beziehungen zerstört.

Die Liebe hat zwei Aspekte

Die wichtigste natürliche Emotion ist die *Liebe.* Sehr wenige Menschen in unserer Gesellschaft verstehen Liebe wirklich und wissen sie zu würdigen. Liebe hat zwei Aspekte: Der eine ist das In-den-Arm-Nehmen, das Kuscheln und die physische Nähe und Geborgenheit. Er gibt Kindern das Gefühl, daß sie schön und liebenswert sind, gleichgültig, wie sie aussehen; daß sie geliebt werden, gleichgültig, wie sie sich benehmen. Und er sichert ihnen ihr zukünftiges Selbstwertgefühl und ihre Selbstachtung.

Der andere Aspekt der natürlichen Liebe ist die Fähigkeit der Eltern, ihrem Kind »nein« zu sagen. Es gibt Mütter, die ihren Kindern noch die Schuhe zubinden, wenn sie zwölf Jahre alt sind! Ich brauche nicht zu sagen, daß sie dadurch das Selbstwertgefühl ihrer Kinder ungeheuer herabsetzen und sie für immer von anderen abhängig machen. Eine Mutter, die ihr Kind wirklich liebt, schickt es am ersten Schultag fort, mag es auch noch so viel Angst haben, und sagt: »Weißt du, ich erinnere mich an meinen ersten Schultag. Ich war so stolz, als ich nach Hause kam und mich nicht verirrt und einen aufregenden, wunderbaren Tag in der Schule erlebt hatte. Das kannst du bestimmt genausogut wie ich vor vielen, vielen Jahren.« Eine Mutter, die ihrer eigenen Rolle als Mutter vertraut, wird einem Kind sagen: »Liebling, ich weiß, daß du diese Schuhbänder besser schnüren kannst als ich, als ich so alt war wie du. Ich mache jetzt die Augen zu, und wenn du fertig bist, dann werde ich die stolzeste Mutter auf der Welt sein!«

Jenseits von Abhängigkeit und Leistungszwang

Das Kind wird lernen, seine Schuhe zu binden, und nie mehr seine Mutter darum bitten. Es geht darum, daß wir unser eigenes Bedürfnis, etwas für andere zu tun, loslassen, denn das ist kein Ausdruck von Liebe, sondern das mangelnde Vertrauen, daß sie es so gut können wie jedes andere Kind.

Es ist traurig, daß es viele, viele Kinder gibt, die nie die echte, bedingungslose Liebe erfahren haben. Die meisten von uns wurden so erzogen: »Ich habe dich lieb, *wenn* du gute Noten heimbringst; ich habe dich lieb, *wenn* du durch die Schule kommst; Mensch, wie lieb werde ich dich haben, *wenn* du das Abitur machst oder wenn ich eines Tages sagen könnte ›mein Sohn, der Arzt‹.« Diese Kinder wachsen heran und werden zu Prostituierten erzogen. Sie prostituieren ihren Geist, indem sie Preise, gute Noten und Auszeichnungen nach Hause bringen, und wachsen mit dem echten Glauben auf, daß man Liebe mit guten Noten, Zeugnissen, Preisen oder anderen Leistungen erkaufen kann, die mit Liebe nichts zu tun haben. Menschen, die zu Prostituierten erzogen wurden, werden immer nach einer äußeren Bestätigung ihres Wertes suchen. Sie werden immer die Billigung von außen brauchen und werden immer verunsichert sein. Sie vollbringen vielleicht große Leistungen und erreichen eine hohe Stufe der gesellschaftlichen Leiter, aber sie werden sehr wenig Selbstwertgefühl und Selbstachtung besitzen. Sie werden ihr Leben damit verbringen, nach einer Art von Liebe zu suchen, die es nicht gibt, und werden nie Erfüllung finden.

Wenn wir eine Generation von Kindern mit bedingungsloser Liebe und fester, konsequenter Disziplin (statt Bestrafung) heranziehen könnten, würden solche Menschen nie in einen Workshop kommen müssen. Sie würden nie auf die Matratze schlagen müssen. Sie würden nie ein Meer von ungeweinten Tränen aus sich hinausschreien müssen. Sie würden die Gesellschaft nicht mit ihrer Habgier, ihrer Rachsucht, ihrem Haß, ihrem Neid oder Selbstmitleid belasten. Sie würden dann imstande sein, eine Generation gesunder Kinder zu erziehen, die im Rahmen des physischen, emotionalen, spirituellen und intellektuellen Quadranten in Harmonie aufwachsen können. Es ist unsere Hoffnung, daß wir in unseren Workshops einige hundert Menschen lehren können, das zu tun, und daß sie wiederum es neuen Generationen vermitteln werden, bis vielleicht in einigen Generationen unsere ursprüngliche Saat Früchte trägt und die Kinder der Zukunft nicht mehr mit Angst- und Schuldgefühlen, nicht mehr unbelohnt und unerfüllt leben müssen und am Ende ihres Lebens fragen: »Ist das alles, wofür wir leben?« Oder: »Ich habe zwar gut verdient, aber habe ich eigentlich gelebt?«

Menschen, die zwischen dem physischen, dem emotionellen, dem intellektuellen und spirituellen Quadranten ihres Daseins in Harmonie leben, werden von Natur aus sehr intuitiv. In ihrem Leben gibt es keine Angst und wenig oder überhaupt keinen Streß oder Aufruhr.

Sie sind am besten gerüstet, anderen zu helfen, da es in ihrem eigenen Leben nichts Unerledigtes gibt, das die Wahrnehmung ihrer eigenen Bedürfnisse sowie derjenigen ihrer Mitmenschen trüben könnte. Einfach ausgedrückt: »Sie können leben.« Sie werden nie unter dem Syndrom des Ausgebranntseins leiden, und ihr Leben wird sich immer wieder erneuern.

Jeder Workshop ist anders

Jeder Workshop hat innerhalb der bereits geschilderten allgemeinen Struktur seine eigene Dynamik. Noch nie war ein Workshop so wie ein anderer. Wie bereits erwähnt, sind in jedem Workshop ein oder zwei Menschen anwesend, die ein besonderes Geschenk für uns sind; und in jedem Workshop gibt es ein oder zwei Leute, die nicht mitmachen und mit neutralen oder negativen Gefühlen weggehen. Diese Leute erleben manchmal eine Entzauberung oder Desillusionierung, eine Bedrohung oder eine Angst wegen ihrer fehlenden Bereitschaft oder ihrer Unfähigkeit, sich zu öffnen und mitzuteilen.

Was diese Workshops zu etwas Besonderem macht, sind jedoch die ganz besonderen Ereignisse, die in ihnen stattfinden. Bei einem dieser Ereignisse ging es um einen jüdischen Arzt in einem unserer Workshops in Sonoma, Kalifornien, der am Ende des Workshops buchstäblich zu einem Rabbiner wurde. Ein Brief von ihm über seine Erfahrungen im 15. Kapitel dieses Buches erläutert am besten, was ich unter einem Rabbiner verstehe.

Eine Taufe

Ein anderer Mann, der von den Lehren der Kirche enttäuscht war, ersuchte spontan einen der anwesenden Pfarrer, ihn vor der ganzen

Gruppe von fünfundsiebzig Menschen zu taufen, unter denen sich Agnostiker, Atheisten, Katholiken, Protestanten, Juden, Hindus und Sufis befanden, die wie Pilger zusammen über die zwanzig Morgen in Shanti Nilaya zu einem natürlichen See gingen, der sich während der Regenzeit gebildet hatte. Auf einem Felsen am Rande des Wassers fand eine überaus bewegende Taufe statt, die uns alle an Johannes den Täufer in dem Film *Jesus von Nazareth* erinnerte.

Eucharistie und Gebet

Wir besitzen auch Fotos von der Eucharistiefeier in Shanti Nilaya, einem anderen, ganz besonderen Ereignis, das nicht geplant oder angesetzt war, sondern sich einfach spontan vollzog. Und jeder nahm, unabhängig von seinem religiösen oder kulturellen Milieu, daran teil und trug etwas dazu bei.

Außerdem haben wir ein Gebet, das wir oft am Ende unserer Workshops sprechen: »Danke, o Geist des Himmels, daß du uns diesen Tag geschenkt hast.«

Die Bedeutung dieses Gebets hat mit unserer Vorstellung (und falschen Vorstellung) dessen zu tun, was Gebete leisten sollen. Die meisten Menschen beten, wenn sie etwas wünschen, und so wiederholen sie ständig: »Gib mir, gib mir, gib mir«, und vergessen oft, daß wir alle Hilfe bekommen, die wir brauchen, obwohl wir sehr oft nicht das bekommen, was wir uns gerade wünschen. Wir vergessen außerdem, Dank zu sagen für allen Segen, der uns oft erst in einer Krise zu Bewußtsein kommt, wenn wir allmählich erkennen, daß wir alle in guter Hand sind. Wir werden nicht nur geliebt, geleitet und beschirmt, sondern erhalten auch Nahrung auf die mannigfaltigste Weise, wie jeder dieser Workshops tausendfach manifestiert.

Es hat nie einen Menschen in diesen Workshops gegeben, der nicht zur rechten Zeit, am rechten Ort und mit den richtigen Menschen dorthin geführt wurde. Es ist eine zusammengewürfelte Menge einander unbekannter Menschen, die sich am Montag kennenlernen und am Freitag als eine Gruppe sich gegenseitig unterstützender, teilnehmender und liebevoller Freunde auseinandergehen. Das bringt uns zu Bewußtsein, wie diese Welt beschaffen sein könnte, wenn wir nicht nur unsere Freuden, sondern auch unseren Schmerz und Kummer miteinander teilen würden.

Wenn wir die Wachstumsarbeit, die innerhalb einer so kurzen Zeit möglich ist, beendet haben, dann verschwindet nach dem Abendessen am Donnerstag jeder in seinen eigenen Räumen. Manche machen sich hübsch und werfen sich in lange Kleider, manche kommen in ihren gewohnten Blue jeans und Jacken, und andere tun plötzlich und

David während des Feuerrituals am Donnerstagabend

impulsiv etwas, das sie noch nie getan haben – sie komponieren zum Beispiel ein Lied oder schreiben ein Gedicht, wie der Geist sie anweht.

Jeder trägt auf seine Weise etwas zu dem Ritual bei, während wir im Freien um ein Lagerfeuer sitzen, wenn das Wetter es erlaubt. Wir teilen uns gegenseitig mit, was uns bewegte, zu dem Workshop zu kommen, und was in den vergangenen vier Tagen in dieser intensiven Aussprache entstanden ist. Ein ins Feuer geworfener Tannenzapfen wird zum Symbol, auf das wir unsere ganze Negativität übertragen, die wir ablegen und nicht nach Hause mitnehmen wollen.

Nur unterbrochen von unserem Singen und Musizieren, tritt einer nach dem anderen vor und teilt den anderen wie in einer öffentlichen Beichte mit, welche Aspekte seiner eigenen Persönlichkeit er ablegen möchte.

Am Ende dieser Aussprache präsentieren wir einen oder mehrere Laibe Brot, die einige Freiwillige unter den Teilnehmern am frühen Nachmittag gebacken haben. Und so wie die Aussprachen in jedem Workshop verschieden sind und sich doch gleichen, so ist es auch mit den Broten, die wir in Australien, in Europa, in den Vereinigten Staaten oder in Kanada backen. Es ist bezeichnend für den internationalen Charakter dieser Seminare, daß in einem Workshop eine Frau einen Davidsstern backte, eine andere ein Kreuz und eine dritte ein besonderes Symbol, das Henkelkreuz oder »Ankh«, das ein Symbol des ewigen Lebens ist.

Wir brechen das Brot, und bei einem Glas Wein singen wir gemeinsam ein Lied und drücken unsere Dankbarkeit aus.

Als David, den Sie im 1. Kapitel kennenlernten, bereit war, seinen Tannenzapfen ins Feuer zu werfen, war es sehr wichtig, daß seine Mutter nach vorne kam und ihn hielt, damit er diese Handlung selbst vollziehen konnte, zusammen mit dem Priester, der für beide zu einem besonderen Freund geworden war. Es war ein Augenblick, den Pater John wahrscheinlich nie vergessen wird. Auch wir werden die teilnehmende Liebe nicht vergessen, die diese Menschen uns alle in dieser Woche lehrten.

Workshopteilnehmer mit selbstgebackenem Brot für die Eucharistiefeier

KAPITEL 6

Der Zweck der Workshops

Die Workshops begannen, als ich erkannte, daß es mit den Vorträgen, die ich jede Woche hielt und die Tausende von Menschen erreichten, nicht getan war. Wir erreichten die Leute nicht auf dem Wege praktischer Hilfe, sondern auf dem Weg der Information. Ich wußte, daß die Arbeit, die getan werden mußte, noch größer war. Sie hatte mehr damit zu tun, den Menschen zu helfen, als ihnen etwas über die Bedürfnisse von anderen zu erzählen. Aber helfen wofür? Die Antwort war für mich einfach, denn sie kam aus meiner jahrelangen Arbeit mit Sterbenden und ihren Familien. Sie war in jedem meiner Vorträge enthalten. Die Menschen brauchten Hilfe, sagte ich meinen vielen Hörern, um mit den »unerledigten Dingen« in ihrem Leben fertig zu werden. Die Workshops entwickelten sich als ein Weg, diese Hilfe anzubieten.

Unser Ziel, der Zweck dieser fünftägigen Sitzungen besteht darin, daß sie unseren Teilnehmern helfen sollen, an die tiefsten und lange unterdrückten Schmerzen, Ängste, Scham- und Schuldgefühle heranzukommen und dadurch ihr Unerledigtes zu bewältigen. Wir lehren sie im Grunde das, was sterbende Patienten gewöhnlich auf ihrem Sterbebett versuchen: mit dem Unerledigten aufzuräumen, damit sie keine Negativität mehr in sich haben und buchstäblich leben können, bis sie sterben, mit einem Gefühl des Friedens, der Heiterkeit, des Annehmens und der Vergebung anderen und sich selbst gegenüber.

Überwindung der Negativität

Während dieser letzten Jahre, in denen wir sowohl mit Gesunden wie mit Todkranken gearbeitet haben, trat klar zutage, daß unsere einzigen Feinde Schuld- und Schamgefühle und Ängste sind. Diese ungelöste Negativität hindert uns daran, aus der Fülle zu leben, und zehrt so viel Energie auf, daß sogar der Kampf gegen Krebs mit einer Niederlage enden muß, wenn wir ein Gefühl von Bestrafung und

Hoffnungslosigkeit haben und das Gefühl, daß wir es nicht wert sind, gesund zu werden. Viele unserer schwerkranken Patienten waren imstande, ihrem Hang zur Selbstzerstörung auf den Grund zu gehen, der zum Ausbruch ihres Krebsleidens so viel beigetragen hatte. Sie sprachen sich über ihren inneren Kampf oder ihre ohnmächtige Wut aus, die sie nach und nach emotionell und physisch zerstörte. Sie hatten ihren Mitmenschen nie ihr Herz ausschütten wollen, weil diese so oft Urteile fällen, anstatt zu verstehen, und Mitleid zeigen anstelle echter Anteilnahme.

Aufdeckung von verdrängtem Schmerz

In diesen Workshops vertrauten immer mehr Teilnehmer uns ihre tiefsten Qualen an – es waren Geschichten von Inzest und Mißhandlung, von verprügelten Kindern, von Untreue, Erfahrungen von Mißtrauen und ungerechten Strafen in ihrer Kindheit. Diese Geschichten waren ein Tabu, über das sie vorher zu niemandem gesprochen hatten und das sie als eine schwere Last durch ihr ganzes Leben trugen. Ihre Traumata führten oft zu einer bestimmten Berufswahl in dem verzweifelten Versuch, nicht nur die eigenen Qualen und Schmerzen aufzulösen, sondern anderen zu helfen, die sich in einer ähnlichen Situation befanden. Man kann sagen, daß viele, die sich auf Tod und Sterben spezialisieren, wegen ihrer eigenen ungelösten Trauer über den Verlust eines geliebten Menschen auf dem Gebiet der Thanatologie arbeiten, um unbewußt an anderen gutzumachen, was sie gegenüber ihren eigenen Angehörigen nicht vermochten.

KAPITEL 7

Aussprache ist der neue Anfang

Es ist etwas anderes, ob wir bloß sagen: »Räum auf mit deinen unerledigten Dingen«, oder ob wir es auch tun. Die erste Frage, die man uns immer stellt, lautet: »Wo . . . wie . . . fange ich an?«

Wir haben gefunden, daß der Anfang durch die Aussprache kommt. Und dies ist sowohl der *Zweck* als auch die *Methode* unserer Workshops.

Das Erleben in der Gemeinschaft der Gruppe

Es ist uns klar, daß wir nicht in der Lage sind, den Schmerz eines anderen Menschen nachzuvollziehen. Der Schmerz eines anderen berührt das Reservoir unserer *eigenen* unterdrückten Tränen, unseres eigenen Schmerzes. Gerade in der Teilnahme an der Agonie eines Sterbenden werden viele unserer Workshopteilnehmer zu Tränen gerührt; und diese Tränen weisen ihnen die Richtung für das Erforschen ihrer eigenen unterdrückten Negativität, die sie später bewußt wahrnehmen. Wenn sie darüber mit der Gruppe sprechen, ist dies wiederum der Anstoß für *andere, ihre* Geschichten und *ihre* Erfahrungen mitzuteilen. Auf diese Weise löst von Montagabend bis Mittwochabend einer die Negativität des anderen aus. Je mehr ausgesprochen, je mehr Schmerz und Qual externalisiert werden, desto freier, erleichterter und heiterer beginnen die Teilnehmer sich zu fühlen. Sie sind erfüllt von einem gesteigerten Gefühl großer Freude, Freiheit und bedingungsloser Liebe. Dies geht Hand in Hand damit, daß sie ihren Kindern, ihren Großeltern oder Eltern, einem Lehrer oder Vorgesetzten, einem Priester oder Pfarrer, einem Arzt oder einer Krankenschwester, die sie in der Vergangenheit verletzten, vollkommen verzeihen können. Sie beginnen nachzuvollziehen und zu verstehen, wo diese Menschen herkommen und warum sie das tun mußten, was sie taten.

Es ist wichtig, daß wir der Gruppe beibringen, andere nicht zu berühren, wenn sie von Gefühlen überwältigt sind, weil das nur ein »Pflaster« für ihren Schmerz ist und indirekt oder direkt die Botschaft vermittelt: Weine nicht, es wird schon alles gut. Unsere Gruppen lernen das sehr schnell und halten ihre konditionierte Reaktion, den Nächsten zu umarmen und seinen Schmerz zu beschwichtigen, so lange zurück, bis die angestauten Tränen, die Wut und der Schmerz zum Ausdruck gekommen sind. Erst nachdem das geschehen ist, darf die Gruppe einander umarmen, berühren, trösten und verwöhnen.

Gefühle sollen nicht beschwichtigt werden

Die offene Aussprache ist also der Anfang. Durch diese Aussprache kommt der Teilnehmer an seinen eigenen Schmerz heran, an seine unterdrückte Trauer und seine eigene Negativität. Wenn das vollbracht ist, gibt ihm die Gruppe einen sicheren Ort und eine sichere Art, diese Negativität zu externalisieren und sie, wenn er will, ein für allemal loszuwerden.

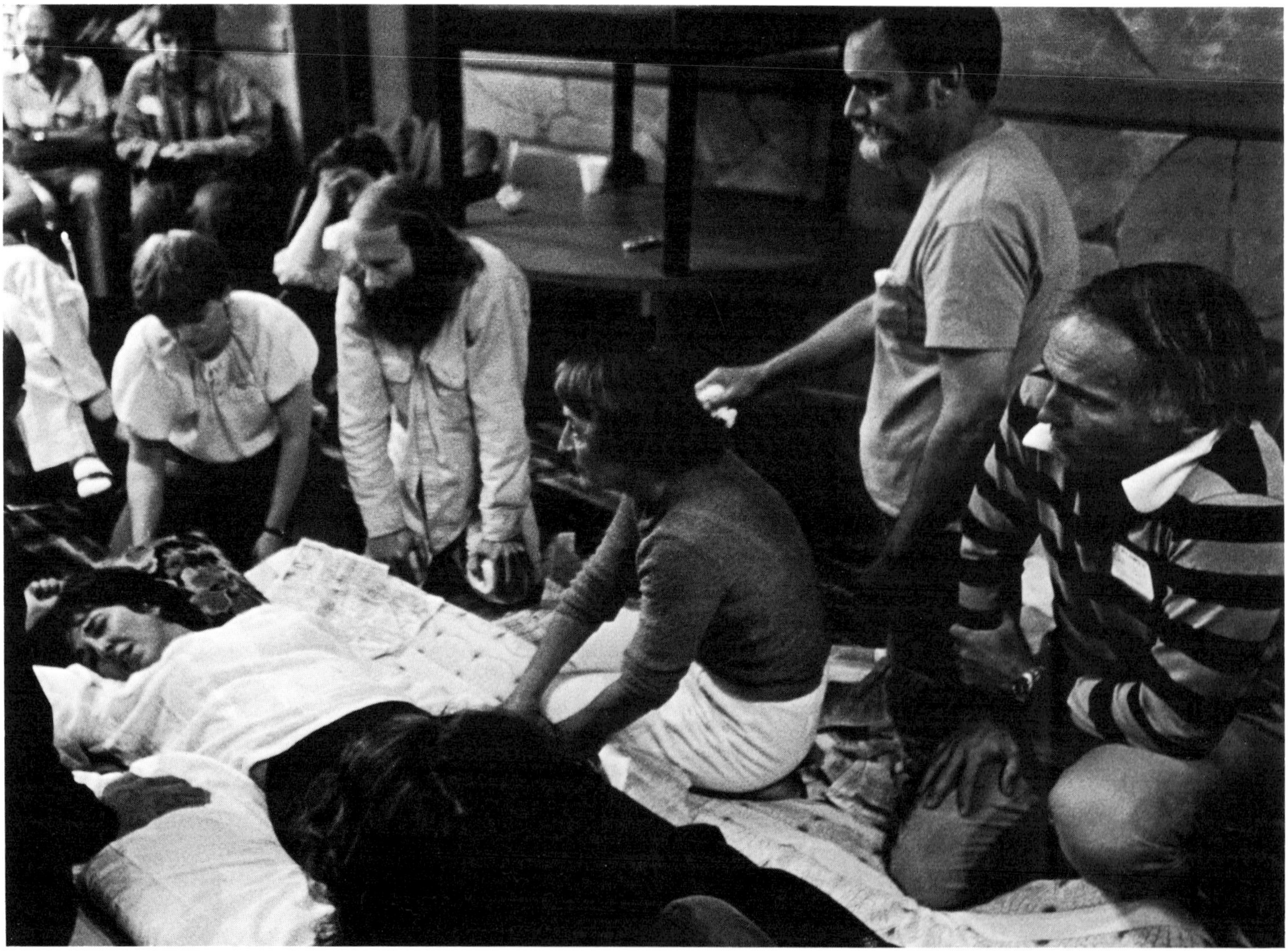

Wie geschieht das? Es kann auf verschiedene Weise geschehen. In unseren Workshops gibt es – außer physischer Gewalt gegen eine andere Person – keine Art und Weise, die nicht erlaubt wäre. So könnte man in unseren Workshop kommen und schreien und schluchzen hören oder Männer, Frauen und Jugendliche sehen, die ihre unterdrückte Wut oder ihr Gefühl, ungerecht behandelt worden zu sein, an einer Matratze auslassen, wobei sie oft einen kurzen Gummischlauch verwenden, den wir bereithalten.

Worin besteht der Sinn und Zweck dieses Schlagens der Matratze, des Hinausbrüllens von Ängsten, des Vergießens von Tränen, des Lärmens und Klagens vor einer Gruppe von siebzig bis achtzig Leuten, die alle von dieser Erfahrung berührt werden und erkennen, daß sie nicht die einzigen sind, die ein Reservoir von unnatürlichen, ungesunden und energieverschleißenden Emotionen in sich haben? Es hat sich im Lauf der jahrelangen Arbeit in meinen Workshops über Leben, Tod und Übergang und in meinen Klageräumen in Krankenhäusern sowie in anderen Gruppen für inneres Wachstum herausgestellt, daß die Externalisierung von negativen und unnatürlichen Gefühlen äußerst heilsam ist und uns große Erleichterung verschafft. Wenn der Eimer voll unterdrückter Tränen, voll Schmerz und Zorn einmal ausgeleert ist, kann man das eigene Verhalten in Beziehung setzen und bewerten und das energieverzehrende negative Verhalten durch positivere Einstellungen und Reaktionen ersetzen. Die meisten Menschen reagieren auf das Leben, anstatt daß sie agieren. Die meisten Menschen verbringen 90 Prozent ihrer Energie und Zeit damit, sich Sorgen zu machen, was morgen geschieht, und leben nur zu 10 Prozent in der Gegenwart. Wenn einmal das Reservoir der angestauten negativen Emotionen entleert ist, können wir diese Prozentsätze verändern und ein viel erfüllteres, befriedigenderes, weniger verzehrendes und daher weniger krankheitserzeugendes Leben führen als wir das vorher getan haben.

Heilsame Externalisierung des Negativen

Dieser Prozeß der aktiven Externalisierung von Negativität und verdrängten Emotionen wurde immer mehr zum Brennpunkt während der ersten Tage der Workshops über Leben, Tod und Übergang. Die frühen Workshops enthielten viel verbale Mitteilung. Und gerade hier entdeckte ich die Notwendigkeit eines Ablaufs, durch den Emotionen, die an die Oberfläche kamen, erlebt und Negativität abgestoßen werden konnten.

Ich wählte Appleton, Wisconsin, für mein erstes Experiment mit dem von mir so bezeichneten »aktiven Ausstoßen« (wobei man etwas tut) im Gegensatz zur »passiven Diskussion« (wobei darüber geredet

Der Workshop ist ein sicherer Ort für verletzte Seelen

wird). Wir befanden uns wiederum in einem katholischen Kloster, diesmal mit einem ganz wunderbaren Priester als Leiter, der uns eher wie ein Heiliger als wie ein menschliches Wesen vorkam. Mit seiner stillen, bedingungslosen Liebe und Fürsorge trug er viel zum Geist und zur Atmosphäre dieses schönen Tagungsortes bei. Wir waren eine äußerst verletzliche Gruppe und hatten wieder viele Schwerstkranke dabei, die eine unglaubliche Menge an Schmerz und Qual externalisieren mußten, und manchmal nahmen wir an sehr emotionalen Ausbrüchen von Wut, Haß, Zorn, Schmerz, Schreien und Weinen teil. Aber der Priester war immer bereit, seinen Mitarbeitern zu helfen, das Geschehen zu begreifen. Er funktionierte als ein Vermittler zwischen denjenigen, die an eine stille Einkehr mit Meditation und Gebet gewöhnt waren, und denjenigen unter uns, die einen sicheren Ort mit einem geschulten Personal brauchten, wo sie die schmerzhaftesten und negativsten Aspekte ihres Wesens offenbaren durften.

Wir teilten während dieser Woche so viel Schmerz und Qual, daß es am Donnerstag nichts gegeben hätte, was diese Gruppe sich nicht hätte mitteilen können. An dem Workshop nahm auch eine schwarze Frau teil, die ein Bild von Qual und Schmerzen und ganz in sich zurückgezogen war, als sie zu uns kam. Am Mittwoch führte ich sie still in ein Hinterzimmer, wo sie mit einem Gummischlauch auf die Matratze schlug und in Schmerz und Qual hinausschrie, wie sie als Kind physisch und emotional ausgehungert war. Sie schluchzte sich ihre Scham und Trauer von der Seele, daß ihre Mutter sich prostituieren

Schmerz und Wut dürfen nicht unterdrückt werden

mußte, um etwas vergammeltes Getreide nach Hause zu bringen, damit ihre Kinder nicht verhungerten. Es schauderte sie vor Ekel, und sie war nahe daran, sich zu erbrechen, als sie schilderte, wie das Getreide voll Würmer war und wie ihre Mutter die Kinder zwang, es zu essen, weil sie Angst hatte, daß die Kinder verhungern würden, wenn sie diese widerliche Mahlzeit nicht hinunterwürgten.

Ich trieb diese Frau bis an ihre Toleranzgrenze, indem ich ihr die in ihrer Vorstellung existierende Nahrung zuschob, sie zwang, das Zeug zu essen, und sie wiederholt anschrie, sie sollte »sich schämen, es zurückzuweisen, da sie doch wußte, daß ich meinen Körper verkaufe, damit meine Kinder nicht Hungers sterben«. Die Qual, die Verzweiflung, die Tränen, die Scham- und Schuldgefühle, die diese Frau erlebte und in dieser kurzen Stunde mit den anderen teilte, berührte das Leben von vielen.

Während ich die meiste Zeit in dem großen Raum mit den fünfundsiebzig Teilnehmern verbringe, werden individuelle Teilnehmer, die entweder etwas zu Intimes oder zu Langwieriges mitzuteilen haben, meistens von einem oder zwei meiner Assistenten in einen freien Raum nebenan geführt, wo sie sich weiter aussprechen, ihrem Schmerz auf den Grund gehen und ihn hinter sich lassen können. Wenn sie in den großen Raum zurückkehren, strahlen sie oft über das ganze Gesicht und haben das Bedürfnis, jeden, der ihnen begegnet, zu umarmen und zu küssen. Sie sprechen oft darüber, wie erleichtert sie sind, daß sie ihre Scham und Qual loswerden konnten und jetzt in der Lage sind, sich dem Leben zuzuwenden, ohne die ungeheure Last an Schuldgefühlen, an Angst und Schmerz mit sich herumzutragen.

Es muß hier gesagt werden, daß es in jedem Workshop ein oder zwei Leute gibt, die nicht den Mut haben, aus sich herauszugehen, die nur im Hintergrund sitzen und zuschauen und alles beobachten. Sie machen sich vielleicht hin und wieder Notizen und verschwinden dann, bevor es zu emotional wird. Manche verschließen sich einfach und gehen mit einem Gefühl der Leere weg, nachdem sie Zeugen eines ungeheuer anstrengenden und emotionalen Workshops waren, aber wenig davon profitiert haben. Es stellte sich deutlich heraus, daß die Leute, die am meisten davon hatten, diejenigen waren, die selbst viel gaben, wie es auch im Leben ist. Je mehr man gibt, desto mehr empfängt man.

Wer geben kann, der empfängt auch

Eine Teilnehmerin zerbrach sich die ganze Woche darüber den Kopf, warum in aller Welt sie sich für diese fünf Tage angemeldet hatte, und wußte es Wochen später noch nicht. Ich versicherte ihr einfach, daß es einen triftigen Grund dafür geben müsse, den sie vielleicht erst nach Monaten oder Jahren verstehen würde. Fünf Jahre nach ihrer Teilnahme wurde sie die Gründerin unseres ersten Hospizes für Kinder und übertrug mir die offizielle Patenschaft. Es erübrigt sich zu sagen, daß ich es als einen besonderen Segen empfinde, lange genug leben zu dürfen, um die Früchte unserer Arbeit zu sehen, und nicht nur auf diesem Kontinent, sondern auf der ganzen Welt.

Eine andere Frau zerbrach sich ebenso den Kopf, warum sie von Kanada nach Kalifornien buchstäblich getrieben wurde, obwohl sie weder einen sterbenden Verwandten noch ein berufliches Engagement auf diesem Gebiet hatte. Weniger als einen Monat nach ihrer Teilnahme beging ihr Sohn Selbstmord, und sie war dankbar für das, was sie gelernt hatte, und vielleicht noch mehr für den Rückhalt, die Anrufe und Briefe, die sie von ihren neuen Freunden erhielt.

Selbsthilfegruppen und Hospize

Dutzende, wenn nicht Hunderte von Menschen begannen, in ihrer Gegend Gruppen zu gründen, die sich »Teilnehmende Freunde« nennen, Selbsthilfegruppen von Eltern, die Kinder verloren haben. Die Kreise, die unsere Arbeit zieht, lassen sich auch an den Hunderten von Hospizen ablesen, die im ganzen Land entstanden sind, obwohl viele von ihnen es nicht wert sind, *Hospiz* zu heißen. Diejenigen, die aus lauteren Motiven und aus bedingungsloser Liebe gegründet wurden, werden weiterbestehen als ein wunderbarer Dienst an Sterbenden; diejenigen, die sich mit Politik und Konkurrenzstreben einlassen, die aus finanziellen oder aus Prestigegründen entstanden sind, werden einfach untergehen.

Es ist meine Hoffnung, daß alle Mitarbeiter von Hospizen sich künftig einem Auswahl- und Schulungsverfahren unterziehen, das einen unserer fünftägigen Workshops mit einschließt.

KAPITEL 8

Der Prozeß und das Produkt

Genauso wie mit einem Freund können wir erst dann mit unseren Emotionen bekannt werden, wenn wir ihnen von Angesicht zu Angesicht gegenübertreten. Das ist der Prozeß unserer Workshops.

In diesem Kapitel soll in knapper Form skizziert werden, wie die Dinge in unseren fünftägigen Workshops bisher abgelaufen sind. All dies kann sich natürlich ändern. Ein Workshop ist etwas Organisches, etwas Lebendiges, für das es im Grunde kein vorgegebenes Schema und keinen Stundenplan gibt. Trotzdem konnten wir von unseren frühesten Bemühungen an bis zu unseren letzten Workshops feststellen, daß sie manches Gemeinsame hatten.

So fanden wir zum Beispiel, daß jeder Workshop nach einem bestimmten Muster ablief, das keinem theoretischen Rahmen entsprang, sondern sich einfach auf natürliche Weise entwickelte. Dieses Muster schien den Bedürfnissen der großen Vielfalt von Menschen zu entsprechen, die aus verschiedenen Gründen zu diesen Seminaren kommen.

Wie beginnt ein Workshop?

Den ersten Tag verbrachten wir damit, daß jeder Teilnehmer sich ganz informell vorstellte, damit jeder einen Eindruck von der Unterschiedlichkeit der sozialen und beruflichen Herkunft der Menschen bekam, mit denen er in der kommenden Woche zusammenleben würde. Die Teilnehmer erfuhren dadurch auch, aus wieviel verschiedenen Gründen ein solcher Workshop besucht wird. Es gab Leute, die im Prozeß einer Trennung oder Scheidung standen. Andere erwarteten ihre Gerichtsverhandlung als Angeklagte eines Verbrechens, das sie nicht begangen hatten. Sie mußten mit einer gewaltigen Menge ohnmächtiger Wut und dem Bewußtsein einer ungerechten Behandlung fertig werden, ohne zu wissen, wohin sie sich wenden konnten, sie standen vor dem Ende, dem »Tod«, ihrer ganzen bisherigen Lebensweise und manchmal vor dem Ende ihrer ganzen Existenz. Es gab viele, die entweder den Verdacht einer tödlichen Krankheit oder bereits die Diagnose hatten und damit zurechtkommen mußten. Es gab Eltern, deren Kinder vermißt waren oder im Sterben lagen. Es gab eine große Anzahl, die ihre Kinder unter äußerst schmerzlichen Umständen verloren hatten – durch einen plötzlichen, unvorhergesehenen Tod, durch Unfälle, einen brutalen Mord oder durch eine lange, kräfteverzehrende Krankheit mit tödlichem Ausgang, die von Rückfällen und Besserungen, von Hoffnung und Verzweiflung gekennzeichnet war. Es gab außerdem viele, deren Kinder, deren Vater, Mutter, Bruder oder Schwester Selbstmord verübt hatte.

Es gibt viele Gründe, an einem Workshop teilzunehmen

Der Ausbruch von negativen Gefühlen läßt keinen Menschen unberührt

Bei der Vorstellung erfuhr die Gruppe nur die oberflächlichsten Gründe, warum die einzelnen gekommen waren. Alle saßen im Kreis, oft auf einem Kissen auf dem Boden, die Älteren, Kranken oder Behinderten auf Stühlen am äußeren Rand des Kreises. Die allgemeine Stimmung der Gruppe war von Sorge, Vorsicht, Angst und einer gewissen Skepsis geprägt, wie in aller Welt wir mit einer »so großen Menge« von Leuten etwas Sinnvolles anfangen könnten.

Gefühle kommen zum Durchbruch

Die erste emotionale Aussprache ereignete sich gewöhnlich nicht später als vierundzwanzig Stunden nach der Ankunft. Meistens geschah es am Ende des ersten Abends, am Montag. Dann hörten Krebspatienten geduldig fünfzig oder sechzig Berichte von liebevollen, teilnehmenden, wunderbaren Angehörigen der helfenden Berufe an, die erklärten, daß sie einfach deshalb gekommen seien, um »eine bessere Krankenschwester«, »ein besserer Arzt«, »ein besserer Pfarrer« zu werden. Sie klangen so überaus teilnehmend und liebevoll, daß alle negativen Erfahrungen der Patienten mit Vertretern des Gesundheitswesens an die Oberfläche kamen und sie »die Blase zum Platzen brachten« und ein für allemal das negative Bild zerstörten, das viele andere im Raum bezüglich Angehörigen der helfenden Berufe jahrelang mit sich herumgetragen hatten.

Sie platzten mitten in eine andere »liebenswürdige Vorstellung« hinein und begannen, ihrem Schmerz, ihren Enttäuschungen, ihren Zurücksetzungen und Erfahrungen mit Leuten Ausdruck zu geben, die nur so tun als ob, die keine Zeit haben zuzuhören, die zu beschäftigt sind, um Anteil zu nehmen. Und bevor jeder sich vorgestellt hatte, waren wir mitten im Nachvollzug von oder wenigstens Teilnahme an lebenswirklichen Situationen von Menschen, die das Mitgefühl, das ihnen bei der formellen Vorstellung präsentiert wurde, nicht nachempfinden konnten.

Wenn wir einmal einen solchen Katalysator hatten (zu 95 Prozent war es ein Patient oder jemand, der ein Kind verloren hatte), lief der Prozeß ohne äußerliche Stimulation, auch ohne das Bedürfnis nach Steuerung oder nach einem Leiter ab. Sie teilten einander bei einer Tasse Kaffee oder schweigend ihre jeweiligen Erfahrungen und ihren Schmerz mit.

Spätestens am Dienstag morgen, noch häufiger am Montag abend, gab ich allen Teilnehmern ein Blatt Papier und eine Schachtel Buntstifte und forderte sie auf, ein Bild zu malen. Das sollte innerhalb von zehn Minuten geschehen, weil ich sichergehen wollte, daß sie so spontan wie möglich malten und keine Zeit hatten, darüber nachzudenken, wie sie sich darstellen wollten, oder sich als Künstler zu produzie-

ren oder ein Bild von Liebe und Frieden vorzutäuschen, während sie in Wahrheit das Gefühl hatten, ein Vulkan zu sein. Ungefähr ein Dutzend Bilder wurden gewöhnlich »gelesen« und interpretiert, um der Gruppe zu zeigen, daß man, ohne ein Individuum zu kennen, eine ganze Menge über diese Person in Erfahrung bringen kann. Den Urhebern stand es dann natürlich frei, sich vor der Gruppe so offen, wie sie wollten, darüber auszusprechen, ob die Interpretation richtig war, und auf die Einzelheiten des Konflikts, der sich in ihren Bildern manifestierte, näher einzugehen.

Spontanzeichnungen erhellen seelische Probleme und Konflikte

Susan Bach, eine Londoner Psychoanalytikerin der Jungschen Schule, setzte diese Technik erstmals in einem Krankenhaus in Zürich ein, in dem ich vom Beginn der fünfziger Jahre an über ein Jahrzehnt gearbeitet hatte. Gemeinsam mit Weber, einem Maler, der viel mit Kindern arbeitete, die einen Gehirntumor hatten, stellte sie fest, daß die spontanen Zeichnungen der Patienten auch dann ein Bewußtsein der Krankheit, ihres Fortschritts oder ihrer Regression offenbarten, wenn die Kinder zu klein waren, um ihre Lage mit dem Verstand zu erfassen. In einer wissenschaftlichen Zeitschrift veröffentlichte sie den Aufsatz »Spontanes Malen und Zeichnen im neurochirurgischen Bereich«, der eine Beschreibung ihrer Entdeckungen sowie ihrer Methode, dieses vorbewußte Material herauszubringen, enthält. Wir verwenden diese Methode beinahe täglich als ein einfaches und verläßliches sowie stets verfügbares und billiges Mittel, um Menschen kennenzulernen und einen Hinweis auf den Ernst ihrer oft verborgenen und tiefsitzenden Probleme zu bekommen.

Während dieser ersten Jahre meiner einwöchigen Workshops begann meine Arbeit sich von sterbenden Erwachsenen fast ausschließlich auf sterbende Kinder zu verlagern. Ich entwickelte ein verstärktes Interesse und Verständnis für das tiefe Wissen, die Weisheit und die besondere Ausdrucksweise sterbender Kinder. Ich bediente mich immer mehr Susan Bachs Methode der spontanen Kinderzeichnungen, um herauszufinden, »wo sie stehen«. Ihre Interpretationen von Zeichnungen todkranker Patienten übten einen großen Einfluß auf meine Arbeit aus und trugen zu meinem Verständnis der Psyche todkranker Kinder mehr bei als irgendeine andere Publikation.

Die Anwendung der Methode von Susan Bach

Mir wurde immer deutlicher, daß diese spontanen, von Kindern und von Erwachsenen gemalten Bilder dasselbe Material enthüllten wie die Träume dieser Patienten. Ihre Bilder offenbaren nicht nur die bewußte Kenntnis ihres bevorstehenden Todes, sondern auch die vorbewußte Wahrnehmung ihres Schicksals. Sie zeigen außerdem ihre verborgenen Schmerzen und Konflikte und ihre oft tiefsitzenden Ängste.

Da ich mit sehr vielen todkranken Patienten im ganzen Land, meistens zwischen Flügen oder Vorträgen, arbeite, habe ich sehr wenig Zeit, mir ein Bild von den spezifischen Bedürfnissen meiner auswärtigen Patienten zu machen. Der Einsatz dieses Mittels erlaubt es mir, innerhalb von Minuten auf den Grund ihres Schmerzes, ihrer Ängste und ihres Bewußtseins vorzustoßen, ohne daß ich die langwierige und zeitraubende psychiatrische Auswertung von Krankengeschichten brauche.

Ich habe mit Hunderten von sterbenden Kindern gearbeitet und habe nicht einen Fall erlebt, bei dem diese Methode nicht viel bedeutsames Material offenbart hätte – ein Material, das mir half, ihnen innerhalb sehr kurzer Zeit zu helfen und das Wesen ihrer Konflikte zu erfassen. Ich sah keinen Grund, warum diese Methode nicht auch auf »Gesunde« anzuwenden war, und so benützte ich meine Workshops wieder für ein Experiment, weil ich herausfinden wollte, ob diese Methode der Interpretation von spontanen Zeichnungen auch von Psychologen und Seelsorgern angewandt werden konnte*. Es könnte ein Werkzeug werden, das die Krusten von Abwehr, die so viele Therapiestunden benötigen, bevor eine entscheidende Veränderung stattfinden kann, mit einem Schnitt durchtrennt.

Der seelische Wachstumsprozeß

Der Prozeß funktionierte glänzend in den Workshops. Es war eine sehr bewegende Erfahrung für mich, zu sehen, wie viele Menschen in weniger als vierundzwanzig Stunden des Zusammenseins bereit sind, ihre Seele zu entblößen, über ihren Schmerz zu sprechen, der sich in ihren Bildern spiegelte, und einige der tiefverwurzelten, echten Gründe für ihre Teilnahme an einem Workshop zu bestätigen.

Viele von denen, die von unserem »Lesen« ihrer Bilder am Anfang des Workshops am meisten beeindruckt waren, und insbesondere diejenigen, die während der Woche ungeheure Fortschritte machten, schenken uns am Ende der Woche noch ein spontanes Bild, das deutlich den enormen Wachstumsprozeß zeigt, der sich innerhalb einer so kurzen Zeit vollzieht.

---

* Susan R. Bachs Aufsatz *»Spontanes Malen und Zeichnen im neurochirurgischen Bereich. Ein Beitrag zur Früh- und Differentialdiagnose«* ist 1961 erschienen in »Archiv für Neurologie, Neurochirurgie, Psychiatrie« Band 87, Seite 1–57. Wichtig ist auch der Beitrag von Kaspar Kiepenheuer *»Die innere Welt des sterbenden Kindes. Spontanzeichnungen als Wegweiser für die Begleitung todkranker Kinder und ihrer Familien«,* erschienen in »Familiendynamik«, 3. Jahrgang 1978, Seite 284–298. Sehr allgemeinverständlich ist die Darstellung der Interpretation von Spontanzeichnungen in dem von Gregg M. Furth verfaßten 2. Kapitel des Buches *Verstehen was Sterbende sagen wollen,* das Elisabeth Kübler-Ross 1982 im Kreuz Verlag veröffentlichte. – Ergänzende Literatur zur Interpretation von Kunst: Guy Thomas Buswell, *How People Look at Pictures* (»Wie die Menschen Bilder ansehen«), University of Chicago Press, Chicago 1935. – Louis Danz, *The Psychologist Looks at Art* (»Kunstbetrachtung mit den Augen des Psychologen«), Longmans, Green & Co., New York 1937. – Anton Ehrenzweig, *The Psycho-Analysis of Artistic Vision and Hearing* (»Psychoanalyse des künstlerischen Sehens und Hörens«), Julian Press, New York 1953. – Niels Grant, Jr., *Art and the Delinquent* (»Kunst und der Straftäter«), Exposition Press, New York 1958. – Richard Guggenheimer, *Sight and Insight* (»Sicht und Einsicht«), Harper & Brothers, New York 1945. – Irene Jakab (Hrsg.), *Art Interpretation and Art Therapy* (»Kunstinterpretation und Kunsttherapie«), S. Karger, New York 1952**. – Ernst Kris, *Die ästhetische Illusion. Phänomene der Kunst in der Sicht der Psychoanalyse,* Suhrkamp, Frankfurt/M. 1977. – James K. Whittaker und Albert E. Trieschman (Hrsg.), *Children Away from Home* (»Kinder, die von zu Hause fort sind«), Aldine Publishers, New York 1972**.

** Diese Publikationen sind in der amerikanischen Originalfassung im deutschen Buchhandel erhältlich.

Die Regeln

KAPITEL 9

Es versteht sich von selbst, daß es einige strenge Verhaltensregeln geben muß, wenn siebzig bis achtzig Menschen aus den verschiedensten geistigen und sozialen Milieus eine Woche zusammen verbringen, um die Freuden und Leiden des Lebens zu erfahren und miteinander zu teilen. Strenge Vertraulichkeit ist ein absolutes Muß, und während der Sitzungen dürfen, außer wenn unterrichtet wird, keine Tonbänder laufen.

Ich möchte zwei wichtige Dinge erwähnen. Das erste betrifft das gegenseitige Vorstellen am Anfang des Workshops, wobei wir uns beim Vornamen nennen. Viele kommen zu diesen Workshops, die mich schon in Vorträgen oder bei der Verleihung eines Ehrendoktorats gehört haben und mich auf ein Podest stellen oder einen Guru aus mir machen wollen. Diesem Aspekt der Verehrung kann man unter anderem dadurch beikommen, daß man auf alle Formalitäten verzichtet. Daher machen wir es an diesem ersten Tag zur Regel, daß jeder, der mich »Dr. Ross« nennt, sofort zehn Dollar in bar, und jeder, der mich »Dr. Kübler-Ross« nennt, fünfundzwanzig Dollar bezahlen muß. Da die meisten Leute nicht vermögend sind, hören sie gleich damit auf. Wenn ihnen ein Ausrutscher unterläuft, gibt irgend jemand ihnen sofort einen freundlichen Schubs, so daß sie sich schon am ersten Abend angewöhnen, mich Elisabeth zu nennen. Wir sagen im Scherz, daß dieses Geld verwendet wird, um den Wein für unser Ritual am letzten Abend zu kaufen. (Wir setzen immer voraus, daß während der Workshops Drogen und Alkohol tabu sind, außer dem rituellen Wein am Donnerstag abend.) Wir haben bei keinem Workshop mehr als zehn Dollar eingenommen, und das Eis war damit von Anfang an gebrochen.

Zu Seite 80: Gemeinsame Mahlzeiten sind Teil des Workshops

Der zweite Punkt ist die Regel, daß auch diejenigen, die ganz in der

Nähe unseres Tagungsortes wohnen, nicht hin- und herfahren dürfen. Der Grund ist zum Teil der, daß wir oft bis tief in die Nacht hinein arbeiten, und zweitens, daß wir eine Gemeinschaft werden wollen, die sich intensiv einander öffnet. Wenn manche wegfahren, wäre die Gruppe in solche gespalten, die »pendeln«, und solche, die zusammenbleiben.

Außerdem sind wir dagegen, daß Verwandte, Partner und Leute mit einer engen Arbeitsbeziehung denselben Workshop besuchen. Wir plazieren sie immer in verschiedenen Workshops zur Förderung ihrer Arbeit an sich selbst, ohne daß sie sich gegenseitig hemmen oder in Schutz nehmen. Da jeder Workshop sehr unterschiedlich und doch wieder sehr ähnlich ist, haben sie den Vorteil, daß sie beide nach Hause kommen und dem anderen ihre individuellen Erfahrungen mitteilen können ohne die Hemmung durch einen Mitarbeiter, einen Partner, eine Mutter oder Tochter. Sich über negative Erfahrungen auszusprechen ist unter Fremden viel leichter als unter Angehörigen! Eltern, die gerade im Begriff sind, ein Kind zu verlieren, oder die unter einer gemeinsamen Tragödie leiden, sind natürlich eine Ausnahme von dieser Regel.

Medikamente werden oftmals überflüssig

Viele Leute, die zu diesen Workshops kommen, haben monate- und jahrelang Beruhigungsmittel, insbesondere Valium, eingenommen. Diese wurden ihnen meistens während einer Krise verschrieben. Nach der Krise wird ihnen oft nicht geraten, das Mittel abzusetzen, sondern sie werden im Gegenteil ermutigt, es weiterhin zu nehmen. Dadurch, daß wir ihnen Mut machen, sind die meisten imstande, sich alle Beruhigungsmittel, Aufputschmittel und/oder Schlaftabletten abzugewöhnen. Am Ende des Workshops gibt es nur noch ganz wenige, die Medikamente nehmen, außer einigen Diabetikern, Epileptikern und Herzpatienten, die ihre regelmäßige Arznei brauchen.

Wir nehmen die Mahlzeiten gemeinsam ein. Wir arbeiten am Vormittag und geben der Gruppe dann zwei Stunden frei, damit die Leute schlafen, ausruhen oder in ihre Tagebücher schreiben können, um ihnen die Möglichkeit zu geben, ihre Erfahrungen auszuwerten und zueinander in Beziehung zu setzen. Während sie ihre Gedanken und Gefühle niederschreiben, gewinnen sie oft einen tiefen Einblick in ihr Verhalten und ihre Reaktionen. Wir bieten auch einen Yogalehrer an, der am frühen Nachmittag zur Verfügung steht. Diejenigen, die sich dafür interessieren, können hier Entspannungs- und Meditationstechniken lernen, um ihr Leben um eine neue Dimension zu bereichern.

Um drei Uhr nachmittags setzen wir unsere Arbeit bis zum Abendessen fort, und dann folgt eine Abendsitzung, die bis zehn Uhr, aber auch bis drei Uhr früh dauern kann. Die Länge hängt immer von den Schwächsten in der Gruppe ab, nämlich unseren todkranken Patienten, die müde werden oder nichts mehr aufnehmen oder nicht mehr teilnehmen können. Dann machen wir meistens für alle Schluß, damit die Schwachen, Kranken oder Müden keine Gelegenheit der Teilnahme versäumen.

Reifungsarbeit auf engem Raum

Im Gegensatz zu den Entspannungs- und Meditationssitzungen, die gewöhnlich im Freien stattfinden, müssen wir die eigentlichen Aussprachen und die Reifungsarbeit auf Räume beschränken, weil das Mitteilen von Schmerz und Pein gewöhnlich sehr emotionell und laut vor sich geht. Es kommt oft vor, daß dabei geschrien und auf eine Matratze geschlagen wird, um auf eine körperliche Weise den Schmerz und das Leid auszudrücken. Da wir alle ziemlich eng in einem Raum zusammensitzen, können wir nicht von einem Schwarm fliegender Vögel, von Schmetterlingen in den Sträuchern oder von den vielen Hunden abgelenkt werden, die gerne zu Besuch kommen. Da die Räume gedrängt voll und viele Leute allergisch auf Rauch oder überempfindlich sind, machen wir alle anderthalb bis zwei Stunden eine sogenannte »physiologische Pause«. Dann vertreten wir uns die Beine, genehmigen uns eine Tasse Tee oder Kaffee oder eine Zigarette. Andere schnappen einfach ein bißchen frische Luft und Sonne, bevor wir unsere Arbeit wieder aufnehmen.

KAPITEL 10

Die Bedeutung von Musik

Alle Teilnehmer des Workshops werden gebeten, Musikinstrumente mitzubringen, wie Flöten, Blockflöten, Gitarren und Zimbeln. Diejenigen, die kein Instrument spielen, bringen meistens ein Buch, ein Tonband für den Unterricht und andere wichtige Lehrmaterialien mit, so daß jeder auf seine oder ihre Weise zur Fülle der Woche eine Gabe beisteuern kann. So wie die alten Indianer ihre Gesänge pflegten, wie die Benediktinermönche ihre berühmten Chöre gründeten, wie die Mönche des Western Priory in Vermont ihre Liebe zu Gott, zu den Menschen und zum Leben durch Musik ausdrücken, so wie alle Gottesdienste auf der ganzen Welt ihre Andacht durch Gesang und Musik zu steigern wissen, so haben wir gelernt, daß das gemeinsame Singen die vorhandene Energie hundertfach verstärkt. Wir beginnen jede Sitzung mit einem Lied, und wir arbeiten nicht nur hart, sondern wir teilen auch unsere Freude, unseren Stolz und unsere glücklichen Augenblicke, wenn wir am Donnerstag abend singen und um unser Lagerfeuer tanzen. Viele ältere Männer und Frauen (wir hatten viele, die in ihren Achtzigern und Neunzigern waren, und einen über Hundertjährigen), die in Jahrzehnten ihre Singstimme nicht mehr verwendet haben, begannen mit uns wieder zu singen.

Der Tag beginnt mit Musik

Anstatt uns von einer schrillen Glocke aufwecken zu lassen, hat beinahe jeder Workshop einen Freiwilligen, der uns mit schöner Flötenmusik weckt, und so ist es uns unmöglich, den Tag mit schlechter Laune zu beginnen.

Das Feuerritual am Abend des vorletzten Tages

Alle diese Dinge treten in den intensiven und äußerst emotionellen Workshops zutage. Sie werden ausgesprochen und externalisiert, bis der oder die Betreffende bereit ist, nicht nur anderen, sondern auch sich selbst zu vergeben. Das darauf folgende Gefühl der Freude, der Erleichterung und des Stolzes läßt sich mit Worten nicht beschreiben; man muß es erlebt haben, besonders während unseres Rituals am Donnerstag abend, das uns so viel bedeutet. Dabei werden die Teilnehmer aufgefordert, ihren Schmerz und ihre Pein, ihre Schuldgefühle, ihren Kummer, ihre Angst und Scham symbolisch in einen Tannenzapfen zu übertragen, und dann tritt einer nach dem anderen vor und wirft den Tannenzapfen ins Feuer. Sie teilen der Gruppe zum letzten Mal mit, was sie zurücklassen und nicht mit nach Hause nehmen wollen, damit die Fülle ihres Lebens davon nicht mehr beeinträchtigt wird.

KAPITEL 11

Die Teilnehmer

Wenn die Leute von unseren Workshops hören, treten sie sehr bald mit einer Frage an uns heran, die uns sehr häufig gestellt wird: Wie wählen Sie die Teilnehmer aus? Kann jeder teilnehmen? Muß man eine tödliche Krankheit haben?

Die Auswahl der Workshopteilnehmer ist sehr einfach. Wenn wir Anfragen von Leuten bekommen, die sich für die Teilnahme an einem Workshop interessieren, setzen wir sie auf die Warteliste und schicken ihnen ein Anmeldeformular mit einigen wichtigen Fragen. Wir sind nicht interessiert an ihrer akademischen Laufbahn oder ihrem beruflichen Status; wir brauchen lediglich ihren Namen, Adresse und Telefonnummer und erkundigen uns nach dem Grund, warum sie einen Workshop mitmachen wollen. Wir müssen wissen, ob sie eine tödliche Krankheit haben und daher nicht ein Jahr warten können, ob sie alt sind und eine Sonderbetreuung brauchen – nämlich diejenigen, die siebzig, achtzig und neunzig Jahre alt sind, damit wir bessere Unterkünfte für sie bereithalten statt Schlafsäcken und Stockbetten. Natürlich haben alle Bewerber Vorrang, die eine tödliche Krankheit oder einen künstlichen Darmausgang haben oder besondere Pflege brauchen. Diesen Leuten teilen wir eine Krankenschwester zu, die sie während der fünf Tage medizinisch betreut und pflegt.

Menschen, die sofortige Hilfe benötigen

Eltern, die ein Kind verloren haben, sei es durch Mord, einen Unfall, durch Selbstmord oder eine Krankheit, werden nie auf die Warteliste gesetzt. Es ist unsere feste Überzeugung, daß sie, je früher sie sich mit dem Verlust und ihrem Schmerz auseinandersetzen, sich desto früher wieder dem Leben zuwenden können. Wir haben es zu unserem Grundsatz gemacht, daß jeder Mensch über Achtzig, jeder mit einer potentiell tödlichen Krankheit und jeder, der einen nahen Angehörigen verliert oder eben verloren hat, nicht auf die lange

Warteliste gesetzt wird, sondern an jedem für ihn erreichbaren Workshop im ganzen Land teilnehmen kann, sobald ein Platz frei ist.

Schwerkranke und gelähmte Patienten

Wir haben die Workshops auch mit Menschen in einer extrem geschwächten physischen Kondition ausprobiert – Menschen, die nur noch zwei Wochen zu leben hatten, Querschnittsgelähmten, die rund um die Uhr Pflege brauchten – und haben die Erfahrung gemacht, daß diese Menschen für uns nicht nur kein Problem sind, sondern daß sie uns mehr Freude und Reifungserfahrungen schenken als vielleicht jeder andere Teilnehmer des Workshops. Für jeden Patienten mit multipler Sklerose bekommen wir drei weitere Bewerber mit derselben Krankheit und haben in der Arbeit mit ihnen schon viele Erfahrungen gesammelt. Wir haben gelernt, mit diesen Kranken zu arbeiten, sowie mit Patienten, die infolge eines Unfalls beidseitig gelähmt sind; wir können ihnen helfen, sich auszusprechen und ihren Schmerz, ihren Zorn und ihr Leid zu externalisieren. Dazu sind sie trotz der Tatsache imstande, daß sie weder Arme noch Beine gebrauchen können, um ihre Wut auszudrücken. (Später wollen wir einige dieser Erfahrungen mit diesen ganz besonderen Menschen schildern, die für unsere Workshops immer ein Geschenk gewesen sind.)

Jetzt nehmen wir regelmäßig solche Gelähmte, Opfer von Unfällen, Opfer des Vietnam-Krieges, und Leute, die in Krankenhäusern für Veteranen und in Pflegeheimen leben, die buchstäblich keinen Finger, keinen Arm oder kein Bein bewegen können und völlig auf die Pflege durch andere angewiesen sind. Wir sind dankbar für die Teilnehmer an früheren Workshops, die »dabei gewesen« und gewachsen sind. Sie kommen oft nach einem, nach zwei oder drei Jahren wieder, »um ihre Batterien aufzuladen«, und geben durch ihre Mitteilungen, durch das Beispiel ihrer inneren Stärke, Tapferkeit und Ehrlichkeit und durch ihr Wachstum denen einen Anstoß, die erst beginnen, an sich zu arbeiten.

Viele, die mit der Erwartung in unsere Workshops kommen, daß sie viel akademischen, intellektuellen und didaktischen Stoff vorgesetzt bekommen, fangen am Montag mit Notizblöcken auf den Knien, Feder in der Hand und mit Tonbandgeräten an und sind zunächst bitter enttäuscht, daß sie die Tränen ihres Mitmenschen, sein Schreien und seine Qual mitanhören müssen. Wenn sie den Schmerz ihres Nächsten nicht mitansehen können, werden sie natürlich nie zu guten Lehrern. Sie werden nie anderen beibringen können, wie man dem Schmerz und dem Leid eines Sterbenden zuhört, ohne in den Abgrund seiner Tränen und seines Leids hineingezogen zu werden. Diese Angehörigen der helfenden Berufe sind es, die später selbst psychiatrische Hilfe brauchen, die später »ausgebrannt« sind oder Magengeschwüre, hohen

Blutdruck und Herzkrankheiten bekommen. Der Streß ihrer Arbeit und das Anhörenmüssen dieser Qual tagein und tagaus hat dazu geführt, daß die Psychiater unter allen Berufsgruppen die höchste Selbstmordrate in den Vereinigten Staaten haben.

Viele Psychologen und Therapeuten kommen zu diesen Workshops und möchten »Vergleiche« mit ihrer Richtung und ihrer Methode anstellen. Sie versuchen einige Tage lang, die unakademische Einfachheit unserer Methode zu kritisieren. Aber am Freitag sind sie verblüfft, wenn sie sehen, wie fünfundsiebzig Unbekannte zu einer teilnehmenden, liebevollen Gruppe von Menschen geworden und bereit sind, ihre tiefste Seele vor ihren Mitmenschen zu entblößen. Sie sehen, daß diese Leute mit einem Gefühl der Läuterung, der Freiheit und einer großen Erleichterung, die sie nie zuvor erlebt hatten, daraus hervorgehen.

Viele Teilnehmer waren in psychiatrischer Behandlung oder in einer anderen Form von Psychotherapie gewesen. Zahlreiche Vertreter der helfenden Berufe haben eine jahrelange Psychoanalyse hinter sich. Trotzdem ist die Tiefe der Erfahrungen, die in diesen Workshops gemacht werden, zehnmal so groß wie der Effekt einer fünf oder sechs Jahre dauernden täglichen Analyse. Diese Erfahrung habe ich selbst gemacht und bin an Erinnerungen und verdrängte Schmerzen herangekommen, die ich in meiner klassischen und für mich durchaus befriedigenden Psychoanalyse nie erreichen konnte.

Das Geschehen in der Gruppe und seine Folgen

Mit diesen Hinweisen möchte ich keine Kritik an der Psychoanalyse üben, sondern nur den bedeutenden und dauerhaften Nutzen dieser Form von Gruppenprozeß zum Vergleich heranziehen. Er erzeugt eine Bewußtheit, die einzig und allein auf den Mut, die Ehrlichkeit und die Bereitschaft einander fremder Menschen zurückgeht, ihre Seele bloßzulegen und ihren Schmerz zu offenbaren. Damit machen sie fünfundsiebzig anderen Teilnehmern das Geschenk, daß sie an deren angestauten Schmerz rühren und ihnen die Möglichkeit geben, ihn mitzuteilen und dadurch abzubauen. Jeder, der sich öffnete, machte den anderen fünfundsiebzig ein Geschenk, und dann sprachen die anderen über ihren Schmerz, so daß in der Mitte der Woche jeder Teilnehmer Hunderte von Traumata nachvollzogen hatte, von denen manche die Erinnerung an eigene Verwundungen weckten und die eigene angestaute, verdrängte Negativität berührten. Es ist unmöglich, durch einen solchen Workshop zu gehen, indem man nur beobachtet und sich Notizen macht, ohne sich von der Humanität einer so bunt gemischten, prächtigen Gruppe mutiger, liebevoller und aufrichtiger Menschen berühren zu lassen.

Linda, die Mutter von Jamie, im Gespräch mit Davids Mutter

Schließlich möchte ich, was die Teilnehmer betrifft, noch bemerken, daß sich am Anfang jedes Workshops herausstellte, daß die Leute, die dort waren, nicht durch Zufall hergekommen waren, sondern daß wir immer »die richtige Gruppe« hatten. Ich meine damit, daß sogar das Verhältnis von Angehörigen des Gesundheitswesens und Patienten, von Männern und Frauen, von Jungen und Alten und auch von Laien und beruflich Engagierten ideal zu sein schien. In demselben Workshop hatten wir sehr oft sowohl einen Krankenhausdirektor oder einen Chefarzt als auch Hilfsschwestern, Patienten, Krankenhausseelsorger, Laien und Hausfrauen, einen Elektriker aus New York City, einen Philosophen aus Nordkalifornien oder einen Yogalehrer oder »Guru«, der in anderen Workshops normalerweise verehrt und auf ein Podest gestellt werden würde. In unserer Gruppe aber war jeder ein Teil der Familie.

Viele prominente Leute haben diese Workshops besucht. Da wir es für die Teilnehmer zur Regel gemacht haben, uns nur beim Vornamen zu nennen, war es sehr wenigen bewußt, wenn wir eine Berühmtheit unter uns hatten. Am allerletzten Tag, wenn wir unsere Macken und Vorurteile losgeworden waren, machte ich mir manchmal einen privaten Scherz daraus, der Gruppe unsere »prominenten Gäste« vorzustellen, wenn alle bereits Gelegenheit gehabt hatten, sie als Menschen, nicht als Berühmtheiten kennenzulernen.

Eines der ergiebigsten Abenteuer dieser Art war die Anwesenheit von Ram Dass, der einen meiner Workshops in Colorado Springs besuchte. Damals stand er vermutlich auf dem Höhepunkt seines Ruhmes und hatte Tausende von Anhängern, die ihn anbeteten und ihn eher als einen Gott, nicht als einen Menschen behandelten. Ich hatte mit ihm abgesprochen, daß er unter einer Bedingung an meinem Workshop teilnehmen dürfe: daß er als ein Mensch kommen würde und nicht als der Guru von Tausenden von jungen Leuten, als die Wellen der Studentenunruhen in unseren Colleges hochschlugen. Er versprach, sich an diese Regel zu halten.

Vor seiner Ankunft an unserem Tagungsort war ich nicht sicher, ob er mir wirklich die Ehre seiner Anwesenheit geben würde, und so war ich entzückt, als er tatsächlich erschien. Trotz seiner ungewöhnlichen Kleidung blieb er die ersten drei Tage ziemlich anonym. Viele ältere Damen, die noch nie von Ram Dass gehört hatten, nannten ihn Ram, und das bedeutet »Gott«. Und ich konnte nicht umhin, ein verstecktes Grinsen in seinem Gesicht zu bemerken, da er es nicht gewohnt war, ein anonymer Mr. Ram zu sein. Später, als die Gruppe zu einer echten Familie geworden war, stellten wir ihn offiziell vor, und er hielt eine der bewegendsten Abendsitzungen und erzählte von seiner eigenen Arbeit zum Thema Tod und Sterben, insbesondere über seine Arbeit mit zum Tode verurteilten Häftlingen.

Neues Leben angesichts des Todes

Seine und meine Arbeit beleuchten das Wesentliche dieser ganzen Auffassung von Leben und Tod. Der wichtigste Aspekt ist vielleicht der, daß das Bewußtsein des möglichen, nahe bevorstehenden Todes entweder das Beste oder das Schlechteste in den Menschen herausbringt. In unserer Beschäftigung mit Menschen in dieser bedrohlichen Lage wurde es Ram Dass und mir klar, daß das Wissen um eine äußerst begrenzte Lebensspanne »mitten im Leben« die Werte dieser Menschen völlig umkehrt und sie veranlaßt, ihre Existenz neu zu begreifen. Es bringt sie in Berührung mit einer spirituellen Dimension, die während unseres geschäftigen Lebens in unserem Streben nach »Reichtum und Glück« meistens völlig in Vergessenheit gerät. Wenn das Todesurteil in lebenslängliche Haft abgeändert wurde, fiel fast jeder einzelne Häftling in bestimmte negative Verhaltensweisen zurück und verlor sehr schnell diesen spirituellen Aspekt, der ihn während der Wochen des Wartens darauf, daß man ihn auf den elektrischen Stuhl führen werde, zu einem so besonderen Menschen gemacht hatte.

Während der letzten zehn Jahre hatten wir in jedem Workshop einen speziellen Gast wie Ram Dass. Damit wollte ich eine neue Dimension in die Workshops bringen und Gebiete erhellen, die oft in Vergessenheit geraten. Viele von denen, die diese Workshops besuchen, arbeiten als Fürsorger oder Sozialhelfer mit Leuten, die zum ersten Mal straffällig wurden, oder im Gefängniswesen dieses Landes, das so vieles zu wünschen übrig läßt und eine Erneuerung und ein Umdenken so bitter nötig hat, um Menschen zu helfen, anstatt sie zu bestrafen.

Konsequenzen für andere Problembereiche

Wir haben eine Menge von bestimmten Plänen für die Zukunft, damit das amerikanische Strafvollzugssystem geändert werden kann, und verwenden dabei dasselbe Verfahren, das wir seit zehn Jahren in unseren Workshops anwenden. Am Anfang dienten diese Workshops dazu, Sterbenden und ihren Familien zu helfen. Später wurden sie auch zu einer Hilfe für Angehörige des Gesundheitswesens sowie für Laien, damit sie erfüllter leben konnten. Schließlich werden sie denjenigen helfen, die aufgrund ihrer Schmerzen, Leiden und unerledigten Angelegenheiten den Weg des Verbrechens beschritten haben. Das wäre zu verhüten, wenn man ihnen, anstatt sie zu verurteilen, Verständnis entgegenbringen würde.

Als besondere Überraschung für die Workshopteilnehmer lud ich einmal Dr. Carl Simonton und seine Frau ein, unserem Seminar beizuwohnen. Dr. Simonton ist Koautor des Bestsellers *Getting Well Again**, der in der Behandlung von Patienten mit schweren Krankheiten – vor allem Krebs – eine Revolution bewirkt hat mit dem Prinzip, daß Heilungen durch Visualisierung erzielt werden können. Seine prächtige Frau ist seine enge Mitarbeiterin und hält im ganzen Land Seminare, Vorträge und Programme über die Technik der Visualisierung ab. Ein anderes Mal lud ich Reverend Dr. Mwalimu Imara ein, einen wunderbaren Gestalttherapeuten und alten Freund von mir, der vor fünfzehn Jahren der einzige Pfarrer an der University von Chicago war, der mit mir durchhielt, als alle anderen uns wegen des Widerstands und der Feindseligkeit der Kollegen im Stich ließen, die nicht wollten, daß wir todkranke Patienten interviewten.

---

* O. Carl Simonton, Stephanie Matthews-Simonton und James Creighton, *Wieder gesund werden. Eine Anleitung zur Aktivierung der Selbstheilungskräfte für Krebspatienten und ihre Angehörigen* (Reinbek 1982).

Bei fast jedem Workshop erschien irgendein besonderer Mensch, den ich nie bewußt auswählte und von dem ich vorher nichts wußte. Immer gab es einen, der zum Segen und zu einem persönlichen Geschenk für mich wurde.

Einer von ihnen war ein Zenmeister in Hawaii, der ruhig und gelassen sagte, als er sich vorstellte: »Ich weiß nicht, warum ich hier bin.« Ich platzte heraus: »Sie sind ein Geschenk für mich!« Ohne Überraschung zu zeigen, antwortete er still: »Das ist durchaus möglich.« Und er war es in der Tat.

Mitz, wie wir ihn alle nannten, hatte eine lange, glänzende Schulung hinter sich und besaß ein Verständnis des Zen-Buddhismus und eine Fähigkeit, sich mitzuteilen, wie ich sie noch nie erlebt habe. Er verwendete herrliche Gleichnisse, die viele Teilnehmer erst am folgenden Tag verstanden, als sie Zeit hatten, darüber nachzudenken, und dann ging ihnen die Schönheit seiner Aussagen auf.

Ein Beispiel besonderer Art

Zu demselben Workshop luden wir die Mutter eines dreijährigen Kindes ein. Sie hatte uns erst kurz vorher benachrichtigt, daß sie nicht teilnehmen konnte, weil sie keinen Babysitter für ihr todkrankes Kind fand. Ihr kleiner Sohn hatte die Größe eines sechs Monate alten Säuglings und konnte weder sitzen noch reden, und alle seine Funktionen waren auf dem Stand eines Neugeborenen. Mit meiner gewohnten Impulsivität sagte ich ihr, daß sie ihr Kind doch einfach mitbringen sollte. Wir würden uns schon irgendwie einrichten und würden alle zur Pflege dieses schwerkranken Kindes beitragen, das so viele Mißbildungen hatte, daß es nicht lange leben würde.

Als sie mit ihrem dreijährigen Kind ankam, bereiteten wir ein Hängekörbchen vor, wo der Kleine die Füße durchstecken und von der Decke schaukeln konnte. Wir hängten es mitten in den Tagungsraum unseres Workshops und sahen zu, wie dieses Kind buchstäblich wie eine Pflanze dahinvegetierte. Es konnte seinen Blick auf nichts fixieren, es konnte weder schreien noch lächeln und nicht einmal schlucken. Es wurde – von Geburt an – alle paar Stunden mit einer Pipette gefüttert.

In der Mitte der Woche bemerkten wir plötzlich Veränderungen an dem Kleinen. Er begann, Leute anzusehen. Er fing an, zu reagieren und sich anders zu verhalten, wenn wir zu singen begannen. Am Ende der Woche konnte er die Teilnehmer in den Blick fassen, und er lächelte zum ersten Mal.

Niemand, auch nicht sein Arzt, erwartete, daß er die Woche überleben würde. Kimo starb zweieinhalb Jahre nach diesem Workshop. Seine Mutter hatte Zeit, sich mit vielen Problemen auseinanderzusetzen, die sie einer Gruppe teilnehmender Menschen anvertrauen konnte, die ihr zuhörten und ihren kleinen Jungen liebgewannen und die bereit waren auszuhelfen, wenn sie in der Pflege dieses völlig hilflosen Kindes rund um die Uhr eine Pause brauchte.

Probleme als ein Geschenk verstehen

Es sind Leute wie Kimo und Betty und viele unserer querschnittsgelähmten Freunde, die trotz ihrer großen Probleme am meisten zu unseren Workshops beigetragen haben, weil sie den Teilnehmern halfen, Mitgefühl und ein Verständnis für menschliches Verhalten zu entwickeln. Sie gehen über die gewöhnlich engstirnige, beurteilende und so oft *ver*urteilende und arrogante Einstellung anderen Menschen gegenüber hinaus.

KAPITEL 12

Der Verlust eines Kindes

Linda, Jamie und Rob

Viele nahmen nicht deshalb an den Workshops teil, weil sie sich auf einen Todesfall in der Familie oder auf ihren eigenen bevorstehenden Tod vorbereiten wollten, sondern weil ich früher ein sterbendes Familienmitglied oder Kind betreut hatte. Wenn das Begräbnis vorbei ist und die Familie zu ihrer alten »Routine« zurückkehrt, kommen die Eltern manchmal zu uns, um mit ihrem Kummer oder allem Unerledigten fertig zu werden.

Eine dieser Personen war Linda, deren Geschichte bereits in dem Buch *Leben bis wir Abschied nehmen* geschildert ist. Sie verlor ihre kleine Tochter durch einen Gehirntumor.

Linda kam in Begleitung des Pflegers vom »Babyspital« in New York, der Jamie während der letzten Wochen und Monate ihres Lebens so besonders liebevoll gepflegt hatte. Wir ermutigten sie, gemeinsam teilzunehmen, da sie sowohl die Verzweiflung als auch die positiven Erlebnisse bei Jamies Tod miteinander geteilt hatten. Es war hauptsächlich auf die Bereitschaft von Lee zurückzuführen, ihr zur Seite zu stehen, daß Linda den Mut hatte, Jamie zum Sterben nach Hause zu nehmen.

Sie trafen am Morgen des Workshops ein, und obwohl sie noch trauerten, fühlten sie sich miteinander natürlich sicher und geborgen. Außerdem kannten sie Mal Warshaw und mich, da wir Jamies letzte Lebensmonate mit ihnen geteilt hatten, und so fühlten sie sich in Shanti Nilaya wohl und wie zu Hause.

Die Mutter wollte sich vor allen Dingen mit ihrer Trauer um den Verlust ihres einzigen Töchterchens auseinandersetzen und gleichzeitig Verständnis gewinnen für das Verhalten des überlebenden Bruders Rusty. Er hatte vor dem Tod seiner Schwester seine Gefühle hin und wieder ausagiert, und er empfand es natürlich, als seine Mutter ihn wieder für eine Woche verließ, um an einem Workshop in Kalifornien teilzunehmen.

Lee interessierte sich vor allem dafür, wie Klinikpersonal geschult werden könnte, um sensibler zu werden für die Bedürfnisse der sterbenden Kinder und deren Familien, die er betreute.

Linda kam nicht nur um ihrer selbst willen, um ihre Trauer um den Verlust ihrer kleinen Tochter zu überwinden, sondern um ihre Erfahrungen mit der Gruppe zu teilen. Und jetzt, indem sie an diesem Buch mitwirkt, teilt sie sich der ganzen Welt mit und gibt ein Beispiel dafür, wie es ist, wenn wir unser möglichstes tun. Sie zeigt uns, daß wir dann, wenn wir unseren Schmerz und unsere Trauer, unsere Tränen und unsere Freuden ehrlich und offen mit anderen teilen, ein geliebtes

Jamie kurz vor ihrem Tod, bei einem Besuch von Elisabeth

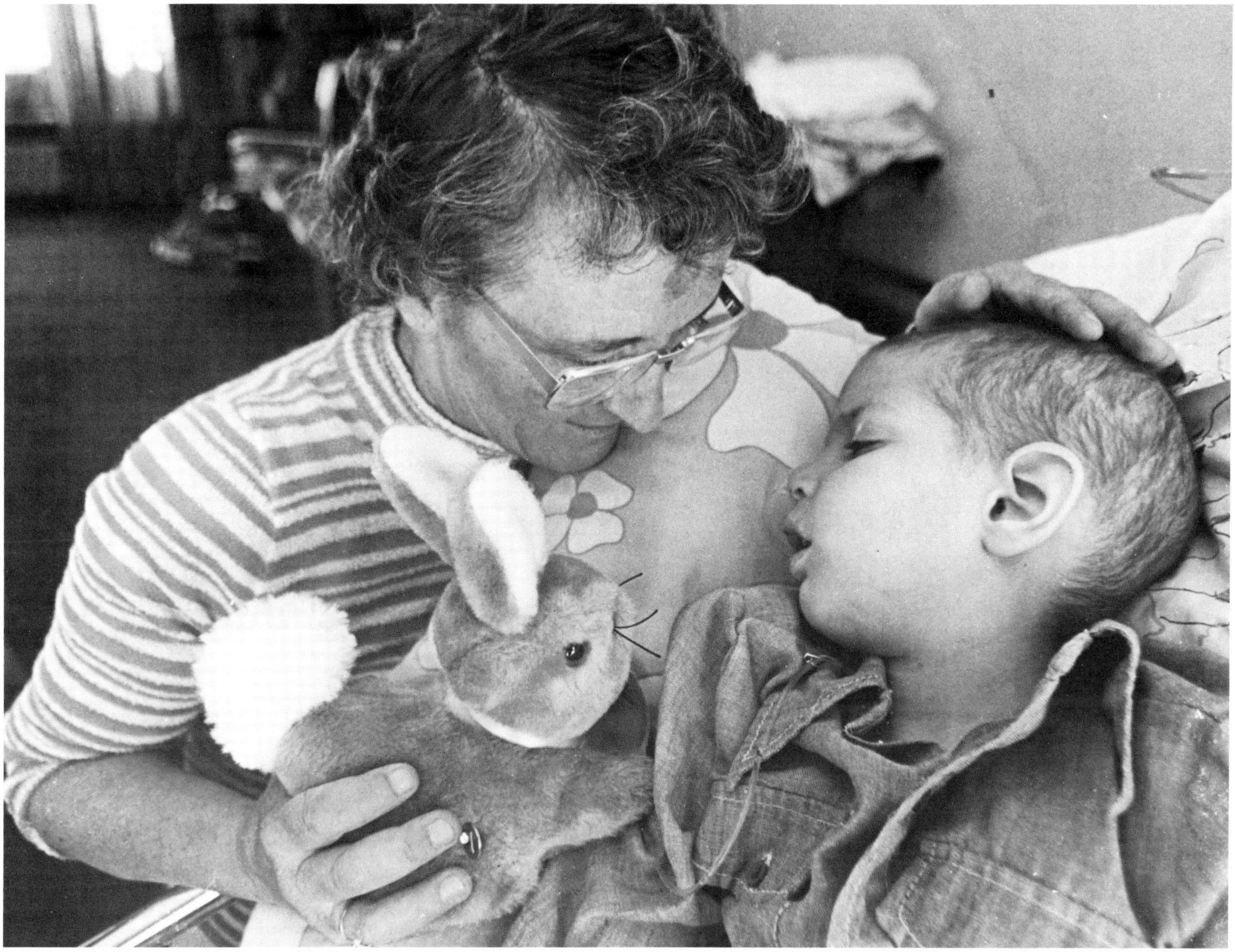

Linda und Lee werden von einem Arzt nach ihren Erfahrungen gefragt

Kind verlieren können, ohne Trauerarbeit leisten zu müssen, einfach durch den natürlichen Schmerz, der mit der Zeit schwindet ohne die Schuld- und Schamgefühle und die Angst, die aus dem Gefühl kommen, daß wir nicht alles getan haben, was in unserer Macht stand.

Ihre Teilnahme berührte das Leben vieler und rief bei vielen Eltern ihre eigenen Scham- und Schuldgefühle und ihre eigene Reue über ihren Mangel an Offenheit und Mut in ähnlichen Situationen wach. Ein Arzt, der an dem Workshop teilnahm, fragte Linda und Lee um Rat, wie man mit Eltern todkranker Kinder umgehen soll, und kehrte dann mit einer ungeheuren Lernerfahrung in seine Praxis zurück, die vielen seiner Patienten und deren Familien zugute kommen wird.

Ein Nachteil dieser sehr intensiven fünftägigen Workshops ist der, daß wir gewöhnlich in einem sehr beengten Raum auf Kissen auf dem

Boden sitzen. Wir sind so sehr von dem Geschehen absorbiert, daß wir unsere Muskeln vergessen und unseren Körper, der auch Bewegung braucht. In unseren physiologischen Pausen gibt es vielleicht jemanden, der ein guter Vorturner ist, andere joggen eine Weile oder machen wie Lee und Linda einen Spaziergang über die Wiesen und sprechen sich aus, halten einander fest, tauschen Erinnerungen aus, weinen und lachen zusammen und sind sich so nahe wie Geschwister, die sich eine Zeitlang nicht gesehen haben.

Jamies Geburtstag

Es gibt in den Workshops immer besondere Höhepunkte, und ein solcher Höhepunkt war Jamies sechster Geburtstag einige Monate nach ihrem Tod. Da wir alle das Datum wußten, wollten wir es zu einem besonderen Ereignis machen, und so überraschten wir Linda,

Lee schenkt Linda einen Schmetterling

indem wir Jamies Lieblingslieder sangen. Ich ging hinaus und pflückte ein paar Blumen aus dem Garten von Shanti Nilaya und schenkte sie Linda zur Feier des Tages. Die wunderschöne Lilie rührte Linda so sehr ans Herz, daß sie in Tränen der Trauer über den Tod ihrer kleinen Tochter ausbrach. Sie schluchzte, weil sie Jamie nicht bei sich haben, ihr keine Geburtstagstorte backen und ihr nicht zusehen konnte, wie sie die Kerzen ausblies und glücklich ihre Päckchen öffnete und einem Luftballon nachlief. Lee fertigte für diesen besonderen Tag einen schönen Schmetterling aus buntem Glas für Linda an, als ein Symbol für Jamies gegenwärtigen Zustand, nachdem sie ihren physischen Leib, den wir symbolisch »Kokon« nennen, abgelegt hat.

Es waren der Schmetterling und die Blumen, die Aussprache und das Erinnern, und nicht ein Versuch, diesen schmerzhaften Tag zu übergehen, was Linda half, lächelnd und mit neuem Mut in das erste Jahr nach dem Tod ihres Töchterchens hineinzugehen, umgeben von Freunden und hilfsbereiten Menschen, anstatt die Wirklichkeit zu verleugnen und den Schmerz durch den Rest ihres Erdenlebens zu tragen.

Wir haben in den Workshops auch Zeit für Reflexion und Einsamkeit eingebaut. Diejenigen, die keine Meditations- und Entspannungsübungen mitmachen wollen, gehen einfach in die Berge hinaus, setzen sich auf einen Stein und hören dem Spiel einer Flöte oder Gitarre zu. Manche sitzen unter einem Baum und meditieren auf ihre eigene Weise, ohne je einen Kurs besucht zu haben, und lauschen nur den Geräuschen der Natur, dem Rascheln des Grases im Wind und den Schmetterlingen, die überall herumfliegen, und dem Singen der Vögel.

Rob und sein großer Verlust

In einem solchen stillen Augenblick begegneten sich Rob und Linda während des Workshops. Auch Rob hatte ein Kind verloren und fand nirgends eine Stütze. Er kam mit einer ungeheuren Menge an Schmerz und Zorn in den Workshop und war drauf und dran, seine schwangere Frau zu verlassen und für sich allein ein neues Leben anzufangen. Ich hatte sie vorher nur einmal in meinem Haus getroffen, als sie mich um eine Konsultation baten. Ich empfand einen starken Impuls, ihn auf der Stelle zu einem Workshop einzuladen, und das tat ich wie immer. Ich fühlte, daß seine Frau im Augenblick in besserer Verfassung war, aber daß er an seinen Zorn und seine Wut rankommen mußte, damit er sie nicht auf seine Frau übertragen und sie in einer so kritischen Zeit nicht mit ihrem ungeborenen Kind verlassen würde.

Durch Lindas Erfahrung mit Jamie, durch die gemeinsame Aussprache und Robs Bereitschaft, dem großen Leid anderer zuzuhören,

Rob erzählt vom Tod seines Kindes, Linda und andere hören zu

wurde ihm bewußt, daß ihm, obwohl er einen schmerzhaften Verlust durchzustehen hatte, die Verausgabung durch eine langwierige, erschöpfende und kostspielige tödliche Krankheit erspart geblieben war, die ihn vermutlich nicht nur an den Rand des finanziellen Ruins, sondern auch an die Grenzen seiner Reserve an Energie und Stärke gebracht hätte.

Er verlor sein kleines Kind schnell und plötzlich durch Ertrinken. Er hatte keine Zeit für die vorbereitende Trauer oder für die Stadien des Sterbens gehabt, wie ich sie in meinen früheren Büchern beschrieben habe. Er hatte die Leugnung der Wirklichkeit, daß sein Kind tot war, fallen lassen und kämpfte sich durch eine ungeheure Masse von Zorn und Wut. Als er in den Workshop kam, fragte er, warum dies gerade ihm hatte zustoßen müssen. Dadurch, daß er seine Wut und seinen Zorn externalisierte und sein Gefühl, ungerecht behandelt zu sein, und daß er den großen Schmerzen und Qualen zuhörte, die fünfundsiebzig

Menschen freiwillig vor ihm bloßlegten, wurde ihm bewußt, daß er in seinem Schmerz nicht allein war.

Gegen Ende des Workshops lief er aus unserem Tagungsraum hinaus zum Schwimmbecken. Ich folgte ihm still, ohne zu wissen, was er vorhatte. Ich sah ihm nur aus der Entfernung zu, wie er in das Becken sprang, das sich im Garten von Shanti Nilaya befindet. Eine seiner Ängste, die er uns vorher mitgeteilt hatte, war die Angst vor der Nähe des Wassers.

Nachdem er seinen Schmerz und seine Trauer endlich vor uns hatte ausschütten und Tränen vergießen können, lief er voll angekleidet hinaus, sprang mit einem Satz in das Schwimmbecken und tauchte unter. Bis zum Workshop war es ihm unmöglich gewesen, seinen beiden Lieblingsbeschäftigungen, der Musik und dem Schwimmen, nachzugehen. Ich setzte mich still an den Rand des Beckens, ließ ihn unter und über Wasser schwimmen, wartete, bis er herauskam, und war bereit, ihm zuzuhören, wenn er mir etwas anvertrauen wollte. Nach einigen Minuten des wilden Hin- und Herschwimmens schwamm er zu mir, hängte sich einfach über den Beckenrand, berührte

Rob hat seine Angst vor dem Wasser selbst überwunden

meine Füße, dachte nach und ließ sich alles durch den Kopf gehen, und schließlich eröffnete er mir einige Gedanken und Gefühle, die er loswerden mußte.

Dies war für mich sehr bewegend, denn ich wußte jetzt, daß dieser junge Vater zu seiner Frau zurückkehren würde. Ich wußte, daß er sich echt auf das neue Baby freute und imstande sein würde, wieder zu musizieren und zu schwimmen und dies alles mit seiner Familie zu teilen.

Paul und Cheryl

Ich traf Paul und Cheryl am Flughafen in San Francisco, als ich heiser, müde und erschöpft von einer dreitägigen Vortragsreise an der Nordküste von Kalifornien zurückkehrte. Ich war gerade dabei, mir die Bordkarte geben zu lassen, als ein junges Paar mit der Bitte auf mich zukam, ein paar Minuten mit mir sprechen zu dürfen. Ich war drei Tage lang von bedürftigen und verzweifelten Menschen umgeben gewesen und fühlte mich völlig ausgepumpt.

Ich warf einen Blick auf diesen bärtigen, riesigen Mann, der wie ein Weihnachtsmann ausgesehen hätte, wenn er nicht rötliches Haar und ein entsetzlich trauriges Gesicht gehabt hätte, das sich wie unter einem Schock oder einer Art Lähmung befand. Es war Cheryl, seine junge Frau, die zu sprechen begann. Während mir meine Bordkarte ausgehändigt wurde, offenbarten sie mit wenigen Sätzen, daß ihr einziger Sohn vor wenigen Wochen im Alter von neun Jahren an aplastischer Anämie gestorben war. Und anderthalb Wochen nach seinem Begräbnis bestätigte sich die Diagnose, daß ihre elfjährige Tochter Krebs hatte und schon voll Metastasen war. Sie brauchten Hilfe, und zwar dringend.

Ich blickte auf meine Uhr und dann auf die wartende Menge, die im Begriff war, das Flugzeug zu besteigen, und ich bat in meinem üblichen stillen Gebet: »O Gott, gib mir eine Stunde, damit ich mit diesen Leuten reden kann. Mehr braucht es wahrscheinlich nicht.« Und als ich schon Cheryl antworten und ihr sagen wollte, daß ich jetzt ins Flugzeug steigen mußte, dröhnte über unseren Köpfen eine Stimme aus dem Lautsprecher: »Flug Nr. 83 wird um eine halbe Stunde später starten.« Ich sagte mein stummes: Danke, daß Du mir diese Möglichkeit gegeben hast«, und dann setzten wir uns in den Warteraum für Flug 83 nach San Diego. Wir sprechen eine Stunde über den Schmerz, die innere Lähmung, die Qual und Verzweiflung, die sie durchmachten.

Ich konnte nicht anders, als ihnen über unsere Forschungsarbeit über den Tod und das Leben nach dem Tod zu berichten. Ich sagte ihnen, daß sie zu einer Kommunikation mit ihrer elfjährigen Tochter finden müßten und ihrem Schmerz und ihrer Lähmung nicht erlauben dürften, die vielleicht nur kurze Zeit zu beschneiden, die ihnen mit ihrem einen überlebenden Kind noch blieb. Ich forderte sie auf, an meinem nächsten Workshop, der in Oceanside stattfinden würde, als meine Gäste teilzunehmen, denn ich wußte, daß der Gewinn sowohl für die Eltern als auch für ihr Kind sehr groß sein würde, wenn sie bereit wären, ihre todkranke Tochter für fünf Tage allein zu lassen.

So kamen sie denn, und sie beschenkten nicht nur eine Gruppe von achtzig Menschen mit einer ungeheuren Menge an Weisheit und Einsicht, sondern gingen selbst verändert und gewandelt aus dem Workshop hervor, offen und wieder fähig zu lieben. Es wäre eine Anmaßung, wenn ich versuchen wollte, das mitzuteilen, was sich in diesen beiden prächtigen Menschen abspielte. Und so bat ich Paul und Cheryl, ihre Erfahrungen während dieser fünf kurzen und doch so verwandelnden Tage auf Tonband zu sprechen.

Keiner ist allein in seinem Schmerz

Pauls Bericht

Hallo, Elisabeth, hier ist Paul. Zunächst schicke ich Dir herzliche Grüße, und ich hoffe, daß es Dir gut geht. Du hast Cheryl gebeten, daß wir Dir unsere Eindrücke vom Workshop mitteilen, wie es vorher, wie es mitten drin und wie es nachher war. So will ich mich gleich dranmachen.

Bevor ich zum Workshop kam, war mein Leben voll von Streß und Spannung. Mein Sohn war erst ein paar Monate tot, und dann wurde bei meiner Tochter Kamala die Diagnose bestätigt, daß sie Knochenkrebs hatte. Ich war an einem Punkt angelangt, wo ich keinen Sinn mehr in meinem Leben sah. Ich fühlte mich ganz leer.

Ich hatte von Deiner Arbeit gehört und manches gelesen, was Du über das Thema von Tod und Sterben geschrieben hast, und so war es mir klar, daß ich irgendwann versuchen würde, mit Dir in Verbindung zu kommen. Außerdem hatte ich ein Tonband von Dir gehört, und irgend etwas in mir sprang auf Dich an, über den Klang Deiner Stimme. So ließ ich die Hemmungen und Vorbehalte, mich in einer ungewohnten Situation auszusprechen, beiseite. Ich wollte diese Erfahrung machen, und so kamen wir.

Als ich dann im Workshop war, war meine erste Reaktion, daß es eigentlich nicht das war, was ich erwartet hatte. So etwas suchte ich nicht. Ich erwartete, daß etwas anderes geschehen würde, und ich dachte, dies sei nicht die Information, die ich brauche. Ich war mir nicht sicher. Ich war zuerst ziemlich konfus und schaute zu, wie die anderen schrien und brüllten und ein Theater machten, wie ich meinte.

Paul nach seiner seelischen Befreiung

Ich dachte nicht, daß ich mich auf diese Art von Erfahrung vor so vielen Leuten einlassen konnte. Und so betrachtete ich den Workshop während der ersten paar Tage als irgend so einen emotionalen Zirkus, weißt Du. Ich hatte nicht den Eindruck, daß er mir etwas geben könnte. Und so blieb ich einfach bei meinen Vorstellungen, die ich von mir selbst und von den Aufgaben meines Lebens hatte, das durch den Tod meines Sohnes und die Krankheit meiner Tochter geprägt war.

In der Mitte der Woche erkannte ich die Bedeutung des Workshops und wollte selbst gern daran teilnehmen. Ich sah, wie die Leute auf die Matte gingen, auf sie einschlugen und brüllten und sich dadurch Erleichterung verschafften. Irgendwie wußte ich, daß hier etwas war, das ich selber brauchen konnte, wenn ich mich auf diese Erfahrung einlassen würde. Wenn ich mich vor einer Gruppe so öffnen und aussprechen konnte, dann würde ich mich wohler fühlen, das wußte ich. Aber weil ich so bin, wie ich bin oder wie ich denke, daß ich bin, mußte ich mich noch an vieles anklammern, um eine gewisse beschissene gesellschaftliche Würde zu bewahren; daran hielt ich mich während der ersten paar Tage.

Etwa am dritten oder vierten Tag hast Du mich beim Frühstück erwischt und gesagt, daß Dein Assistent mir vielleicht helfen könnte. Wir könnten in ein anderes Zimmer gehen und es dort machen. Da klickte es bei mir. Ich sagte, okay. Es war höchste Zeit, denn bevor Du mit mir gesprochen hast, wollte ich schon wegfahren. Es wurde mir langsam zu viel.

Befreiung durch Schreien, Schlagen und Weinen

Als er mich hinausführte und mit mir in das andere Zimmer ging, brauchte er gar nicht viel zu tun. Ich war bereit. Ich war schon bereit, alles hochkommen zu lassen, und brauchte wahrscheinlich nur die intimere Atmosphäre, damit es geschehen konnte. Denn kaum waren wir in dem Zimmer, ging es los. Ich ließ es einfach zu und fing an zu weinen und zu schreien und zu brüllen und auf die Matte zu schlagen. Es kam einfach, und es kam noch mehr, in ganzen Sturzbächen. Sobald ich es zugelassen hatte, schien es kein Aufhören und kein Ende mehr zu geben. Und je mehr ich mich hineinsteigerte, desto wohler wurde mir, und obwohl ich mich auf einer Ebene noch irgendwie beobachtete und dem Ganzen zusah, weißt Du, geschah auf einer anderen Ebene etwas viel Wichtigeres. Und es kam immer noch mehr heraus. Die Tränen flossen, und meine Nase rann, und Dein Mitarbeiter war da mit den Kleenextüchern und gab mir die Ermutigung, die Stütze und die Führung, damit ich so weitermachen konnte. Und je weiter ich kam, desto mehr – ich weiß nicht, wie ich es sagen soll: es ging einfach weiter und immer weiter.

Und als ich dann auf den Knien lag, mich hin- und herwiegte und schluchzte, an meinen Sohn, an meine Tochter und an mein Leben dachte, erkannte ich, daß ich den ganzen Schmerz, mein Herzeleid und die ungeheure Trauer loslassen wollte. Da sagte ich: »Ich gebe auf. Ich will nicht mehr dagegen ankämpfen. Ich gebe auf. Ich strecke die Waffen. Ich ergebe mich.« Und als ich diese Worte wiederholte: »Ich gebe auf. Ich ergebe mich«, fühlte ich mich wie ein kleines Kind. Ich empfand, daß ich immer kleiner und kleiner wurde, auf einer Ebene, die ich nicht ganz verstand. Und die Worte entstanden immer noch in mir und kamen heraus: »Ich gebe auf, ich ergebe mich.« Das einzige, woran ich mich festhalten konnte und was mir wohl tat, war: »Mein Gott, hilf mir!«

Als das herauskam, schien ich buchstäblich über der Matte zu schweben. Nur fünf Zentimeter, gerade so hoch, daß ich wußte, daß etwas Unerhörtes geschehen war. Und ich fühlte mich wie benommen, und Dein Assistent kam und berührte mich und fragte, ob ich das der Gruppe mitteilen wollte. Er mußte mir von der Matte helfen, weil ich buchstäblich nicht alleine aufstehen konnte. So stützte er mich und ging mit mir ins Vorzimmer hinaus und wieder zurück in den Tagungsraum und setzte mich vor seinen Stuhl hin.

Paul: »Da bin ich jetzt, und das bin ich wirklich, und ich liebe euch.«

Während ich da saß, war eine Dame auf der Matte, und so verzögerte

es sich ein bißchen. Als ich dort saß, spürte ich etwas, ich konnte an nichts anderes denken als an den Ausdruck der Yogis, »blissed out«. Ich empfand dieses ungeheure Glücksgefühl.

Überwältigende Erfahrungen

Und als Du mir sagtest, ich sollte es der Gruppe mitteilen, sah ich mich um und blickte in alle Gesichter. Ich wußte nicht, was ich sagen sollte, weil es sich auf einer Ebene abgespielt hatte, die ich noch nie erlebt habe. Ich habe ein paarmal Drogen genommen, und damals hatte ich ähnliche Erfahrungen, aber diesmal ging es viel tiefer. Es war *organischer,* möchte ich sagen, aber ich bin nicht sicher, ob das der richtige Ausdruck ist. In meinen Drogenerfahrungen hatte ich das Gefühl eines Rausches. In dieser Erfahrung, in dieser Situation, so wie ich mich selbst sah, spielte es sich auf einer viel tieferen Ebene ab. Damit meine ich, daß es nicht nur in meinem Kopf geschah, sondern sozusagen in meinen Eingeweiden. Und ich war benommen und zitterte, und etwas in mir, das ich noch nie so erlebt hatte, platzte förmlich in mir.

Und als Du mir noch einmal sagtest, daß ich die Gruppe anschauen und mitteilen sollte, was geschehen war, sah ich in die Gruppe hinein, bis ich Cheryls Gesicht sah, und das war wie ein Anker für mich. Ich wußte, daß ich es konnte, aber nicht in dem Sinn, daß ich ihnen verbal hätte sagen können, was geschehen war. Aber ich konnte die Gruppe ansehen und sagen: »Da bin ich jetzt, und ich liebe euch.« Und ich sah Dich an und wußte, daß ich die Wahrheit gesagt hatte, denn ich hatte nur den einen Wunsch, Dich zu umarmen und in Deiner Nähe zu sein. Und das geschah auch, denn Du kamst zu mir und nahmst mich in die Arme, und ich erinnere mich, daß ich wieder in Tränen ausbrach. Es waren weniger Tränen des Glücks oder der Freude, sondern einfach, daß ich erkannte: Das bin ich wirklich. Ich bin wirklich ich, verstehst Du?

Meine Ängste und Sorgen und mein Kummer waren noch da, aber sie waren nicht mehr so groß oder hatten nicht mehr die Bedeutung, die ich ihnen einmal beigemessen hatte. Ich war überwältigt. Ich war überwältigt von meinem Gefühl des heiteren Friedens, den ich in dieser Situation vor all diesen Leuten empfand. Weil ich wußte, daß sie mich so liebten, wie auch ich sie liebte. Ich begriff wirklich den Wert des Sich-Mitteilens. Das hatte ich auf dieser Ebene noch nie erlebt. Vielleicht nicht einmal . . . vielleicht mit einem oder zwei Menschen in meinem ganzen Leben. Und auch dann war es nicht wirklich klar, und es war mir irgendwie peinlich. Aber in dieser Situation war nichts Peinliches . . . Es kam ganz rein aus dem Herzen. Es kam mir wirklich von Herzen, und das war ganz einfach wunderbar.

Zu Seite 109: Paul mit seiner Frau Cheryl nach seinem großen Workshoperlebnis

Und dann ging ich hinaus und ging zum Mittagessen, und das Mittagessen war ein wundervolles kleines Zwischenspiel. Dann kam ich zurück und setzte mich mit Cheryl auf die Wiese, und als ich ihr meine Gefühle mitteilte, öffnete sich mein Herz ihr gegenüber, wie es sich noch nie geöffnet hat. Und das spürte sie. Wir erlebten eine Ekstase miteinander, auf einer nonverbalen Ebene.

Durchbruch zu neuem Leben

Und als ich an dem Abend am Lagerfeuer darüber nachdachte, warum ich in den Workshop gekommen war, was ich erlebt hatte und was ich aufgeben wollte, wurde mir alles kristallklar. Ich war mit einem gebrochenen Herzen gekommen, und das ließ ich jetzt zurück. Das war so einfach und schön, daß ich mir beinahe selbst auf die Schulter klopfte. Es stieg mir wirklich zu Kopf, weißt Du. Nicht in einer egoistischen Art, sondern so, als würde man sagen: »Also, das Leben kann schön sein, auch wenn es ein großes Unglück und schwere Zeiten darin gibt. Man kann da durch.« Und der Workshop war definitiv eine Art des Durchbruchs.

Nachdem ich den Workshop verlassen hatte, war ich immer noch »high«. Ich meine »high« in dieser Form einer positiven Energieebene. Vielleicht sind das nur Worte, vielleicht drücke ich mich nicht klar aus. Was ich sagen will, ist, daß dieses Gefühl, dieses Hoch eine positive innere Verfassung war, die zwei Wochen anhielt. Und als es dann platzte und ich wieder auf die Erde kam, ließ ich mich sanft herunter. Das geschah, weil ich wußte, daß ich es in der Hand hatte, daß ich die Wahl hatte. Ich war im Tief, aber ich hatte die Wahl, was ich aus dieser Erfahrung machen wollte, durch die ich eben hindurchgegangen war. Und das ist mir geblieben, daß ich die Dinge in der Hand habe, auf einer Ebene, die ich früher nicht kannte. Das spielt sich nicht im verbalen Bereich, nicht im Kopf ab, sondern man spürt es im Bauch. Ich habe jetzt Boden unter den Füßen in dem Sinn, daß Leben und Tod sind, was sie sind, und daß man gewisse Dinge nur in bestimmten Situationen lernen kann. Gewisse Menschen bringen dir etwas, was immer es ist, aber wie du damit umgehst, ist deine Sache. Ich war dabei zu lernen, wie ich damit umgehen konnte auf eine Weise, daß das Leben noch einen Sinn und die Wärme und die Liebe hatte, die immer da ist. Man muß sie nur entdecken und heraufholen. Es ist mir überlassen, das zu wollen.

Ich glaube, daß dieser Workshop und ein weiterer Workshop mit Kamala mir bestätigten, daß ich mehr Verantwortung für mein Leben übernehmen will, so daß ich ein gutes Gefühl habe, am Leben zu sein, obwohl mein Sohn tot ist und meine Tochter um ihr Leben kämpft. Zusammenfassend möchte ich sagen, daß das Wichtigste wohl darin bestand, daß ich mit dem spirituellen Quadranten meines Daseins in Berührung kam. Meine Spiritualität ist etwas, über das ich oft nachgedacht habe, ohne daß ich es wirklich anging und ohne den Mut, diesen Bereich zu erforschen. Und durch Dich und den Workshop und durch andere Dinge, die seither geschehen sind, werde ich auf natürliche Weise von spirituellen, religiösen Dingen angezogen; von Dingen, denen ich früher aus dem Wege ging oder die ich geringschätzig beurteilte. Na ja, nicht ganz. Sie hatten für mich nicht wirklich einen Wert. Und das ist jetzt ganz anders, ganz anders, das spüre ich. Ich spüre, daß ich eine Verbindung mit dieser Form von Energie herstelle, mit diesem unsichtbaren Bereich, mit Dingen, die ich nicht sehe, die ich nicht durch die normalen Kanäle, die fünf Sinne, erreichen kann. Ich lasse zu, daß ich mich diesen Dingen nähere und diese Verbindung herstelle.

Es verbindet mich immer mehr mit Kamala, wenn ich zusehe, wie sie durch ihre Erfahrungen in ihrem Leben geht. Ich sehe, wie ich sie einfach liebhabe, einfach nur liebhabe, weil ich weiß, daß es das Beste ist, was ich für sie tun kann, sie bedingungslos zu lieben. Danke, Elisabeth. Ich liebe Dich.

Cheryls Bericht

Hallo, Elisabeth! Du hast mich gebeten, daß ich über meine Gefühle vor, während und nach dem Workshop spreche. Als ich Dich damals auf dem Flughafen traf, erlebte ich, was göttliche Führung ist.

Damals machte ich eine sehr schwere Zeit durch mit Paul und seinem Zorn, den er überall und an jedem ausließ. Ich wußte nicht, wohin ich mich wenden sollte, damit mir wohler würde, damit ich einen Raum für mich hätte, wo ich damit fertig werden konnte. Es gibt immer noch vieles, was ich nicht verstehe, aber ich habe jetzt ein besseres Gefühl. Ich kann nicht sagen, wie oder warum. Es ist schwer, es zu bestimmten Ereignissen in Beziehung zu setzen.

Als Paul und ich den ersten Workshop besuchten, lernte ich meine Zweifel kennen. Ich beschloß, diese Zweifel abzulegen. Ich brauchte sie nicht. Ich hatte Zweifel an allem in der Welt, an meiner Fähigkeit, zu leben und zu lieben. Lieber Gott, so vieles ist geschehen.

Während dieses Workshops ging ich durch die Hölle, ich kann es nicht anders beschreiben. Ich sah nämlich, wie ich mir selber eine Plage war, und wußte nicht, wie ich dem entfliehen sollte. Und dann kam ein Punkt, da begriff ich, daß ich mich einfach darauf einlassen und durchgehen mußte, und ich merkte, wie es dann wegging. Ich erfuhr von vielen Schmerzen, allen Schmerzen der Menschen auf diesem Planeten. An ihrem Leben und an dem Schmerz, den sie davontragen,

sah ich, wie mein Leben und der Schmerz, den ich durchmachte, eine Spiegelung all dessen war, was in jedem von uns steckt. Und wir können uns weh tun, ich kann mir so sehr weh tun, wie ich will; aber ich habe außerdem die Fähigkeit, mir nicht weh zu tun, wenn ich es nicht will.

Schmerz, Flucht und Verwandlung

Der Schmerz über die Krebserkrankung meiner Tochter und der Schock, den dies auslöste, quälten mich eine lange Zeit. Ich glaube, daß ich irgendwo in meinem Inneren um diese Entwicklung, als sie damals Krebs bekam, Bescheid wußte, und oft war es, als müßte ich zwanghaft irgend etwas tun, in irgendeiner verrückten Weise aktiv sein. Es war für mich eine Art von Flucht, eine Flucht vor dem Schmerz, den ich durchmachte, und dem möglichen Schmerz in der Zukunft. Und als dann Tyheen krank wurde und starb, war mir, als ob mein ganzes Leben zusammenbrechen würde. Ich wußte nicht, wohin und an wen ich mich wenden sollte. Ich blickte eine Weile nach innen, und ich verstand weder mich selbst noch irgend etwas außerhalb oder in meiner Umgebung.

Als ich in den ersten Workshop kam und die anderen Leute sah und sie ins Herz schloß und als ich sah, was die Liebe bei uns allen bewirkte, erkannte ich, daß diese Liebe zu einer Verwandlung führt. Ich erkannte, daß jeder von uns durch alle Stadien hindurchgehen muß, durch alle Emotionen, den ganzen inneren Aufruhr und die Angst und die Traurigkeit, damit wir auf die andere Seite gelangen und diese Liebe empfinden und sehen, was sie hervorbringt. Und was sie hervorbringt, ist Frieden, das einzige wahre Gefühl des Wohlbefindens, und es kommt nicht von äußerlichen Dingen. Ich bin auf die schwere Art zum Frieden gekommen.

Y. L. (eine andere Workshopteilnehmerin) war für mich eine ungeheure Erfahrung. Dadurch, daß ich sie erlebte, wie sie ist, habe ich mich selbst wie ein kleines Baby gesehen, das eben erst krabbeln lernt, wie aufregend das war, die Fähigkeit zu krabbeln, und wie ich dann einen Augenblick, einen sehr wackligen Augenblick, auf den Beinen stand und einen Augenblick unerhörter Freiheit erlebte, einer wahren inneren Freiheit – und ich stand.

Als ich den Workshop verließ, hatte ich wieder gelernt zu lieben, vor allem mich selbst und Paul zu lieben, diesen wunderbaren Menschen, mit dem ich mein Leben teile. Ich spürte, wie stark die Liebe ist, die uns verbindet, und das half mir, durchzukommen.

Zu Seite 112: Paul und Cheryl »Wie stark die Liebe ist!«

Der zweite Workshop, an dem Kamala teilnahm und den wir dankenswerterweise auch mitmachen durften, kam zu einer Zeit, als ich wieder am Boden war. Ich war voll Zorn – Zorn auf die ganze Welt wegen Kamalas Schmerzen und Leiden und wegen meiner Schmerzen und meines Leids, die ich ihre Qual vierundzwanzig Stunden am Tag mitansehen und mitfühlen mußte. Und ich verstand Pauls Zorn, den er damals hatte, bevor wir in den ersten Workshop gingen. Mein Zorn richtete sich gegen Kamala wegen ihrer Schmerzen, und ich wußte, daß ich sie liebte und gleichzeitig haßte. Und ich hatte es sehr schwer mit mir selbst, weil ich dieses fabelhafte, wunderbare Wesen, meine Tochter, haßte. Es fiel mir sehr schwer zu akzeptieren, daß das in mir steckte.

Und durch diesen Workshop, als ich sie inmitten all dieser Menschen sah, wie sie zum ersten Mal seit langer Zeit wieder aufblühte und sich der Liebe öffnete, die ihr entgegengebracht wurde und durch sie entstand, fühlte ich wieder eine Freiheit in mir. Als ich empfand, daß sie sich dem öffnete, war ich auch offen für sie.

Es ist immer noch schwer. Es ist nicht leicht. Sie ist krank und hat oft Schmerzen und kann sich nicht bewegen. Aber es ist etwas da, was immer noch leuchtet, durch sie, und ich bin jetzt soweit, daß ich das sehen kann. Ich kann dankbar sein für alles, was wir in der Vergangenheit gehabt haben, und für alles, was wir jetzt haben, und für die Schönheit, die in dieser Welt ist. Ich weiß, daß es mir irgendwo im Inneren gut geht. Ich kann nichts damit verbinden, weil ich diesen inneren Frieden nicht zu meinem Kopf in Beziehung setzen kann. Aber ich weiß, daß alles gut ist und daß es zu einem guten Ende führt.

Und ich möchte Dir und allen danken, die bei Dir sind, die Ihr diese Räume öffnet, und allen Menschen, die in Kontakt mit Dir kommen, für den Frieden, den Du mir und Paul und Kamala gegeben hast. Die Liebe hört nicht auf.

Das Sterben eines Kindes

Kamala starb einige Wochen, nachdem sie alleine einen Workshop besucht hatte. Alle, die diese Woche mit ihr teilten, die sie fern von zu Hause verbrachte, waren tief von ihr beeindruckt.

Zuerst war sie zurückhaltend, aber dann vermochte sie ihre Gefühle der Gruppe mitzuteilen und öffnete nicht nur ihr eigenes Herz, sondern die Herzen aller Teilnehmer.

Durch einen sogenannten Zufall – wir nennen es »göttliches Eingreifen« – herrschte in Oregon Nebel, ich konnte jedoch ein Flugzeug nach San Francisco bekommen. Dort rief ich Cheryl und Paul an, die mich auf dem Flughafen abholten, wo wir uns vor Monaten zum ersten Mal getroffen hatten. Kamala starb an diesem Nachmittag, und ich hatte das Privileg, die erste Nacht, die Paul und Cheryl kinderlos waren, in ihrem Haus zu verbringen.

Wir hatten eine bewegende Gedenkfeier im Haus, nachdem Kamalas Leichnam fortgebracht worden war, und viele Freunde von nah und fern kamen und feierten mit uns. Ich schlief diese Nacht in Kamalas Bett und fand den blauen ausgestopften Elefanten unter ihrer Bettwäsche, dessen Spielwerk die Melodie »Du bist mein Sonnenschein« spielte, ein ergreifendes Erlebnis für mich! Wir hatten ihr diesen Elefanten am Ende des Workshops zum Abschied geschenkt, damit sie immer eines unserer Lieblingslieder hören konnte. Sie hatte ihn offensichtlich im Arm gehalten, als sie hinüberging.

Menschen, die einander helfen

Cheryl und Paul sind mit uns in Verbindung geblieben. Sie stehen zur Zeit mit vielen Menschen in Verbindung und helfen anderen, die ähnliche Erfahrungen durchmachen. Wir sind ihnen dankbar, daß sie den Mut haben, inmitten der Stürme ihres jungen Lebens ihre Erfahrungen weiterzugeben. Vielleicht hat niemand meinen Lieblingsausspruch mehr bestätigt: »Könnte man die Canyons vor den Stürmen schützen, erblickte man niemals die Schönheit ihrer Schluchten.«

KAPITEL 13

Querschnittgelähmte und andere Behinderte

Es ist sehr schwer, manche Höhepunkte dieser Workshoperfahrungen mit Worten wiederzugeben, da alle diese Dinge Erfahrungen sind, die sich auf einer erlebnishaften, fast nonverbalen Ebene abspielen und sich auch so mitteilen. Was wirklich Eindruck macht, ist die Intensität der Liebe und Zuwendung, der Tapferkeit und Aufrichtigkeit, und keiner, der an diesen Workshops aktiv teilgenommen hat, wird unverändert aus ihnen hervorgehen. Das Schöne daran ist, daß sie zwar nur von Montag mittag bis Freitag mittag dauern, aber trotzdem Vorgänge auslösen, die sich über Monate und Jahre hindurch fortsetzen. Viele Leute, die vor Jahren einmal dabei waren, schreiben uns immer noch und teilen uns mit, wie sehr sie innerlich gewachsen sind. Es begann im Workshop und ging dann ohne psychologische Beratung und ohne aufwendige Therapie weiter.

Erfahrungen von Behinderten

Wir haben vor allem beidseitig und halbseitig Gelähmte ermutigt, zu den Workshops zu kommen. In meiner Arbeit mit mehrfach behinderten Kindern hatte sich herausgestellt, daß diejenigen, die ihre Gliedmaßen nicht gebrauchen können, die Blinden, die Gehörlosen und insbesondere die Querschnittsgelähmten, oft als unselbständige, fragile Wesen behandelt werden, die entweder übermäßig beschützt und von jeder emotionalen Reaktion abgeschirmt werden, oder aber so vernachlässigt wurden, daß sie abgestumpft sind. Manchmal umgeben sie ihre Gefühle mit einem Panzer, um stoisch und unempfindlich zu wirken, und manchmal erscheinen sie arrogant und unnahbar.

Unsere Workshops waren ein wunderbarer Ort für diese oft noch sehr jungen Menschen, die während der ersten zwei bis drei Tage einfach nur zusahen, wie siebzig oder achtzig nicht behinderte Teilnehmer trotzdem voll Kummer, Schmerz und Leid waren, weil sie Verluste anderer Art erlitten hatten, die dennoch so schmerzhaft waren wie die ihren. Wenn wir spüren, daß sie bereit sind, ihren Schmerz mitzuteilen, dann werden wir zu ihren Gliedmaßen, zu ihren Händen und Beinen. Denjenigen, die nicht sehen können, ersetzen wir die Augen. Und mit der Hilfe von besonders geschulten Mitarbeitern können wir jede Fähigkeit kompensieren, die sie eingebüßt haben.

Im folgenden geben wir einige Kommentare von Leuten wieder, die bei uns waren. Der Brief stammt von einer querschnittsgelähmten Frau in einem Rollstuhl, die während ihres ersten Workshops große Schwierigkeiten hatte. Er lautet:

Ein Brief von Eileen

Dieser Workshop war für mich sehr nützlich. Mein erstes Gefühl am Freitag war ein stiller, tiefer Frieden, was für mich immer ein gutes Zeichen von etwas Bleibendem ist. Der Frieden hat wirklich angehalten und macht es mir leichter, spontan mit allem zu strömen . . . Außerdem spüre ich mehr persönliche Kraft. Ich fühle mich mehr in der Mitte.

Elisabeth, ich weiß, daß Du weißt, wie dankbar ich Dir für all das bin, was Du mir gegeben hast. Ich möchte Dir nämlich sagen, daß Dein Dasein ein Segen für mein Leben ist wie nichts anderes.

Manchmal denke ich in der Stille an Dich, wie real, wie unprätentiös und wie scheu Du manchmal bist. Dann fühle ich mich ein wenig mit einem Teil der Schmerzen verbunden, die Deine Aufgabe mit sich bringt.

Die Nähe zu Dir, die ich in diesem Workshop empfunden habe, war ein besonderer Segen. Es hat mir Vergnügen gemacht, zu sehen, wie es Dir jetzt leichter fällt, von anderen etwas anzunehmen. Mein Freund hat sich darüber gefreut, wenn er Dir auch nur eine Tasse Kaffee bringen durfte. Das Schöne daran ist, daß ein Geben sogar im Empfangen steckt. Und der Kreislauf geht weiter.

Wenn ich über die Gründe meines Lebens nachdenke, frage ich mich, warum ich die Lähmung wählte. Die Antwort, die ich in mir höre, lautet: »damit ich lerne, mit Anmut zu nehmen«. Kommt Dir das einfach vor? Na, Du weißt ja, wie schwer der Weg dahin war.

Gute Nachricht! Ich erinnere mich, wie ich in Deinem Wohnzimmer in Flossmoor saß und Dir erklärte, warum ich nicht an die Westküste fliegen konnte. Du beugtest Dich mit einer bestätigenden Frage vor, die mir durch und durch ging: »Sie meinen, Sie würden einem kleinen Schmerz im Rücken erlauben, Ihre Zukunft zu bestimmen?« Ich flog also, ich arbeitete an mir und konnte mich befreien. Ich wußte nicht, wie abhängig ich von meiner sicheren Umgebung und Gemeinschaft geworden war. Ich hätte nie gedacht, daß ich fast ein Jahr nach Deiner herausfordernden Frage die Möglichkeit erwägen würde, den kommenden Winter an der Westküste zu verbringen. Es scheint so vieles dagegen zu sprechen, aber innerlich weiß ich, daß ich dazu imstande bin. Wenn es in Seinem Plan ist, wird es geschehen.

Mit herzlichem Gruß *Eileen*

Wandlungen der Lebenshaltung

Ich kann die Veränderungen nicht mit Worten beschreiben, die in Eileen und anderen Menschen wie Eileen vor sich gegangen sind, die nach einem Unfall oder durch multiple Sklerose gelähmt waren und sich nicht bewegen konnten, die rund um die Uhr Betreuung brauchten und deren Lebensstil ganz anders ist als der der meisten von uns. Viele unserer Gelähmten sind schrecklich arrogant, wenn sie sich zu einem Workshop anmelden. Sie verlangen besondere Aufmerksamkeit oder wollen zwei oder drei persönliche Betreuer oder Krankenschwestern mitbringen. Sie fordern private Wohn- oder Schlafräume, und sie erwarten eine Spezialbehandlung. Wenn sich die Arroganz schon vor ihrer Ankunft bemerkbar macht, haben wir uns angewöhnt, ihnen eine sehr strenge Antwort zu erteilen. Wir erlauben nur, daß ein Freund oder eine Krankenschwester mitkommt. Die restliche Betreuung müssen sie von Workshopteilnehmern annehmen, von denen viele Ärzte, Psychiater, Therapeuten, Krankenschwestern, Atem- und Rehabilitationstherapeuten sind und die alle hohe Qualifikationen für die Pflege von gelähmten Patienten haben.

Wenn die Angemeldeten genug Demut besitzen, um diese Einschränkungen zu akzeptieren, ist die Prognose gewöhnlich ausgezeichnet, obwohl sie während der ersten ein bis zwei Tage eine Stinkwut auf mich haben. Viele von ihnen würdigen mich nicht einmal eines Blickes oder eines Wortes. Erst wenn sie an ihre Negativität herangekommen sind, können sie sich öffnen, und dann profitieren sie viel von ihrer Teilnahme.

Auch hier waren unsere Resultate oft so außerordentlich positiv, daß ich von der Richtigkeit unseres Tuns übezeugt bin. Ich sagte vorhin, daß ich nicht mit Worten beschreiben kann, welche Veränderungen in Leuten wie Eileen stattgefunden haben. Das meine ich ganz im Ernst; ich kann es wirklich nicht. Aber Eileen kann es mit ihren eigenen Worten schildern. Diesen bemerkenswerten Brief, ein wunderbares Beispiel der Liebe und Zuwendung, des Verständnisses und des inneren Wachstums, erhielt ich in Shanti Nilaya sechs Monate, nachdem Eileen im Juni 1980 ihren letzten Workshop in Madison, Wisconsin, besucht hatte. Ich sollte ihn nach ihrem Tod lesen, der im November 1980 erfolgte:

An meine Familie und meine lieben Freunde!

Ich möchte etwas Einfaches sagen, aber Ihr kennt mich ja . . . Ich habe Maribeth gebeten, dies zu lesen . . . ich sehe Deine Tränen hinter Deinem Lächeln, Mar . . . ich liebe Dich!

Während ich dies schreibe, fühle ich mich sehr klein . . . Meiner selbst bewußt unter dieser bequemen Haut. Kathy Sullivan sagte einmal: »Ihr wißt, wie wohl ihr euch mit eurem Selbst unter eurer Haut fühlt . . . denkt an das, was größer ist als ihr, und das ist Gott!« Heute spüre ich einen Hauch von diesem Selbst und bin voll Demut, wenn ich an die Tatsache denke, daß ich ohne jeden einzelnen von Euch mich selbst nie kennengelernt hätte . . . noch Gott in mir!

Heute bin ich in meinem Körper mehr heil, als ich es je gewesen bin, mehr in Jesus Christus, als ich je geahnt hätte. Jeder von Euch ist ein ganz besonderer Teil von mir. In einem gewissen Sinn habt Ihr mich geschaffen.

Wie kann ich Euch danken?

Ich bin jetzt so frei . . . ich habe getanzt (ich bin eine fabelhafte Tänzerin) . . . ich bin im Regen gelaufen, bin nackt am Meer spazierengegangen, von Gottes großem Licht gewärmt: einem unbeschreiblichen Licht. Ich bin jetzt bei Euch, ich schmecke Eure Tränen und empfinde Euren Verlust. Ich habe ein Geschenk für Euch! Die Liebe, die ich in diesem Augenblick empfinde, ist so rein, so völlig leer von jeder Negativität, daß sie unmittelbar heilend wirkt und unmittelbare Größe verleiht.

Eileens letzte Botschaft

In was für einer Welt würden wir leben, wenn jeder Mensch diese Liebe einlassen, sich dieser Liebe anvertrauen würde . . .

Das Geschenk! In der Liturgie, wenn Ihr heute mein neues Leben feiert, werde ich jeden von Euch mit dieser Liebe berühren. Gott wird Euch durch mich berühren. Macht Euch darum keine Sorgen. Ich habe schon darum gebeten. Er sagte, in Ordnung!

Laßt also bitte alle Negativität los, öffnet Euer Herz, Euer Gemüt, Eure Seele und fühlt, daß Ihr von einem großen, milden, gütigen Vater geliebt seid.

Ihr könnt es! Erlaubt mir, daß ich diese letzte Berührung mit Euch teile, ja?

Sie gehört Euch . . . glaubt es mir!

Eileen Marie Kral
7. Mai 1940 – 15. November 1980

Eine andere völlig gelähmte Freundin von uns war Geri, die als die jüngere von zwei Geschwistern in Illinois geboren wurde. Die Familie zog ziemlich oft um, als sie in der Volksschule war, und ließ sich dann im Umkreis von San Francisco nieder, als sie ungefähr zehn Jahre alt war. Sie besuchte das Occidental College, als sie siebzehn war, und im selben Jahr wurde die Diagnose gestellt, daß sie multiple Sklerose hatte. Danach lebte sie nicht mehr ständig bei ihrer Familie. Sie setzte ihre Ausbildung fort und wurde Ehe- und Familienberaterin und Kinderpsychologin.

Fünfzehn Jahre lang dauerte der langsame, aber stete Verfall. Zuerst konnte sie noch gehen, dann brauchte sie Krücken, dann einen Rollstuhl, dann einen elektrischen Rollstuhl, und schließlich konnte sie sich überhaupt nicht mehr bewegen. Als sie zum ersten Mal an unserem Workshop teilnahm, war sie in einer tiefen Depression, unfähig, Gefühle zu zeigen, und hatte sehr abgenommen. Sie verlor außerdem mehr und mehr ihr Augenlicht, und als sie den zweiten Workshop besuchte, sah sie nicht mehr genug, um Menschen zu erkennen.

Ich bat Geri, ihre Eindrücke von den beiden Workshops, die sie besuchte, mitzuteilen, da sie besser ausdrücken kann, wie es aus der Sicht des Teilnehmers aussieht.

Geri erzählt

Hallo, Elisabeth, ich habe schon lange nicht mehr mit Dir geplaudert. Ich fange am besten damit an, daß ich erkläre, wie es mit mir stand, bevor ich im Oktober 1977 den ersten Workshop mitmachte. Ich war an einen Punkt gelangt, wo ich nicht mehr leben wollte. Die Ärzte hatten mir genügend abschreckende Dinge erzählt, so daß ich wirklich nichts mit Beatmungsgeräten oder einem Luftröhrenschnitt oder so etwas zu tun haben wollte. So begann ich, die Dinge selbst in die Hand zu nehmen. Ich hörte sogar auf zu essen und nahm – ich weiß nicht genau – wahrscheinlich vierzig bis fünfzig Pfund ab. Damit fing ich im Januar 1976 an. Es war ein langsamer, allmählicher Prozeß und sehr schwer durchzuführen, weil ich gefüttert wurde und alles so manipulieren mußte, daß niemand etwas merkte.

Vor dem Workshop im Oktober hatte ich wieder zu essen begonnen. Aber mit nicht viel Lust. Ich bekam immer noch Befunde von den Ärzten, daß es mit meinem Atmen schrecklich schlecht stand und daß sie mich bald an Apparate hängen würden. Niemand sagte mir, daß ich sterben müßte, aber all dies klang mir nach Sterben. Als ich Dich dann auf einem Kongreß in Los Angeles sprechen hörte, wollte ich Deinen Workshop besuchen, denn ich dachte mir: Gut, ich muß eben sterben,

aber was soll ich von jetzt bis zu meinem Tod anfangen?

Die völlig gelähmte Geri wird von Workshopteilnehmern liebevoll gefüttert

Interessanterweise hatte ich eine panische Angst davor, an dem Workshop teilzunehmen. Und als mich die Leute fragten, wovor ich denn Angst hätte, sagte ich: »Ich werde sterben. Ich werde hingehen, und dann werde ich sterben.« Ich wußte nicht, was mit mir passieren würde, nur daß sich etwas verändern würde.

Und es hat sich wirklich etwas verändert, weil ich im Workshop erkannte, daß ich tatsächlich lebte und daß es Dinge gab, für die es sich lohnte zu leben. Ich weiß nicht mehr genau, wie ich das herausfand. Ich glaube, es hatte etwas damit zu tun, wie die Leute mir entgegenkamen, nicht nur weil ich MS hatte. Ich hatte auf einmal das Gefühl, daß es eine Menge von Leuten gab, die mir viel bedeuteten. Und das

Anteilnehmen an den Schmerzen der anderen gab mir das Gefühl, daß ich nicht allein war. Ich kämpfte nicht mehr ganz allein. Und das war etwas sehr Befreiendes.

Ich erinnere mich, daß es mir sehr schwer fiel zu weinen. Ich kam mir wie eine Betrügerin vor, weil ich dachte, daß ich Dinge nicht empfinden konnte, die ich empfinden sollte. Ich erinnere mich, wie Du mir sagtest, daß ich wahrscheinlich sehr früh gelernt hatte, meine Gefühle zu verbergen, und daß es für mich ein langsamer und wahrscheinlich schmerzhafter Prozeß sein würde, fühlen zu lernen. Ich ging aber dann in Hochstimmung von dem Workshop fort, weil ich plötzlich entdeckt hatte, daß das Leben lebenswert war.

Abschied von einer Rolle

Als ich nach Hause kam, hatte ich eine interessante Reaktion auf den Workshop. Die nächsten paar Monate brachte ich alles in Ordnung, damit ich anständig sterben konnte. Ich bestellte einen Vormund und vergewisserte mich, daß mein Arzt und das Krankenhaus im Bilde waren, daß ich an keine Maschinen angeschlossen werden wollte. Ich legte mich wirklich ins Zeug. Ich weiß nicht mehr, ob ich wirklich darüber nachdachte, ob ich sterben würde oder nicht, oder ob mein Tod nahe bevorstand; aber es gab etwas, das ich zu Ende bringen mußte. Da ich im Workshop angefangen hatte zu *leben,* mußte ich mit meiner alten Lebensweise Schluß machen. Ich weiß nicht, ob das klar ist. Ich mußte die alte Geri umbringen, und ich glaube, das habe ich gründlich besorgt.

Im Februar oder März 1979 besuchte ich wieder einen Deiner Vorträge. Und danach ludst Du mich zu dem Workshop im Mai ein. Meine Reaktion auf Deine Einladung war interessant, weil ich sofort dachte: »Nein, ich kann nicht, ich habe zu viel zu tun. Ich habe Arbeit und kann mir nicht die Zeit nehmen.« Aber dann dachte ich darüber nach: »Wovor hatte ich denn Angst? Warum wollte ich den Workshop im Grunde nicht besuchen?«

Ich kam dahinter, daß ich mir immer noch wie eine Schwindlerin vorkam, und ich wußte, daß ich das aufgeben mußte. Doch es würde sehr schwer für mich sein, das aufzugeben. Immerhin war es jahrelang mein Lebensstil gewesen, der »Starkrüppel« zu sein. Auf diese Weise zog ich viel Aufmerksamkeit auf mich, aber ich hatte nichts davon.

Dadurch, daß ich der »Starkrüppel« war, entfremdete ich mich meinen Gefühlen, denn das war eine sehr anspruchsvolle Rolle. Es strengte mich sehr an, so viele Dinge zu tun, und ich wußte, daß ich aufhören mußte, so geschäftig zu sein. Das bedeutete, daß ich eine andere Lebensweise finden mußte, weil ich wußte, daß ich deprimiert sein würde, wenn ich mich nicht ständig beschäftigte. Ich hielt es nicht aus, mit mir allein zu sein und nichts zu tun, denn das bedeutete, daß *ich* nichts war. Da wußte ich, daß ich an mir arbeiten mußte. Natürlich wußte ich nicht, wie ich das bewerkstelligen sollte.

Der Workshop war eine Überraschung. Ich saß zwei Tage lang ziemlich ruhig da, während andere ihren Schmerz mitteilten. Aber es war wohl so, daß es mir langsam unter die Haut ging. Und dann verlor ich plötzlich die Kontrolle, aber nur dann, wenn meine Freundin Jaima mich auf die Toilette führte. Sie brachte mich hin, und ich brach in Tränen aus. Ich hatte keine Ahnung, was mit mir vorging. Ich wußte nicht, warum ich weinte.

An einem Abend, es kann der Mittwoch gewesen sein, ging die Gruppe zum Abendessen, und ich mußte auf die Toilette. Und natürlich weinte ich wieder. Jaima fragte mich, ob ich zum Essen gehen oder lieber arbeiten wollte, und ich brachte heraus: »Nein, es geht schon wieder, ich gehe zum Essen.« Und als wir dann aus der Toilette kamen und in den Hof hinausgingen, läuteten die Glocken, und da mußte ich wieder weinen. Alles schien mich zum Weinen zu bringen. Da führte Jaima mich in eines der kleinen Zimmer zurück, und die anderen gingen, um Dich zu holen.

Ich konnte absolut nicht aufhören zu weinen, und ein einziger Gedanke führte zu einem anderen, und bei jedem brach ich in Tränen aus. Dann hob Jaima mich von meinem Stuhl und setzte mich auf die Matte. Und als Du hereinkamst, hast Du Dich zu mir auf die Matte gesetzt, und ich fing an zu reden. Ich war von einigen Dingen, die ich sagte, überrascht. Ich sprach von meiner Mutter und meinem Schuldgefühl im Zusammenhang mit ihrem Tod. Und daß ich nie gelernt hatte, Menschen zu berühren, und als ich es jetzt tun wollte, konnte ich es nicht.

Eine neue Welt tut sich mir auf

Und plötzlich war die ganze Trauer da, die ich hinter der Maske des »Starkrüppels« verborgen hatte. Ich wußte, daß die Dinge sich schon im ersten Workshop verändert hatten, und ich hätte mich auf meinen Lorbeeren ausruhen können. Aber dazu war ich nicht hergekommen.

In der Entdeckung dieser Traurigkeit steckte etwas, das mir eine ganz neue Welt eröffnete. Nachdem ich wieder zu Hause war, weinte ich immer noch, wenn mich jemand aufs Klo führte. Und das ging so weiter, wenn jemand mir die Zähne putzte oder mir das Haar kämmte, und es waren offensichtlich diese persönlichen Dinge, die mich zum Weinen brachten, weil sie mir deutlich machten, daß ich das selbst nicht konnte.

Fünfzehn Jahre lang hatte ich multiple Sklerose gehabt und mir nie erlaubt, diese Traurigkeit zu empfinden. Die ersten drei oder vier

Geri im Gespräch mit Elisabeth Kübler-Ross

Jahre schreckte ich so vor Selbstmitleid zurück, daß ich mir Vorwürfe machte, wenn mich irgend etwas aufregte. Und das wurde zu einer Lebensweise, die mich lange Zeit vollkommen beherrschte. Und die Entdeckung der Traurigkeit machte mich lebendiger als die Entdekkung von Freude.

Der erste Workshop schenkte mir Glück und den Willen zu leben. Der zweite Workshop schenkte mir eine andere Dimension, ein Verständnis des wirklichen Kampfes, den ich auszutragen hatte. Ich kann mich nicht mehr antreiben, ich kann nicht mehr so tun, als hätte ich nicht MS oder als wäre ich so wie jeder andere. Es ist ein Kampf, und er ist traurig, ich verliere viel. Aber ich spiele nicht mehr mit dem Gedanken, daß der Tod hinter der nächsten Ecke lauert und mich aus dieser Klemme herauszieht. Ich muß damit leben. Und manchmal ist das sehr schwer für mich, aber ich glaube, es macht mich wirklicher.

Im ersten Workshop war eine Frau, die hatte ein kleines Kind verloren. Die Mutter redete und schlug auf die Matratze ein. Aus irgendeinem Grund wühlte mich das sehr auf, und ich begann hysterisch zu weinen. Ich wußte, daß ich wünschte, meine Eltern hätten mich so umsorgt, wie diese beiden Leute sich um Laura sorgten. Dieser Tag, dieser Vormittag brach irgendwie das Eis für mich. Ich konnte nicht mehr so verschlossen sein wie vorher.

Von der großen Ehrlichkeit

Etwas Ähnliches geschah im zweiten Workshop. Da war eine Frau, die einen Mann mit MS hatte, der in einem Pflegeheim war. Mir stockte der Atem, als sie das sagte, denn das ist die Angst, die mich immer verfolgt, daß ich eines Tages in einem Pflegeheim lande. Aus diesem Grund fühlte ich mich dieser Frau *direkt* verbunden.

Ich weiß nicht, warum ich mich so aufregte, wenn ich auf die Toilette ging. Ich weiß nur noch, daß an dem Tag, als ich mich zum ersten Mal so aufregte, eine wirklich intensive Aussprache über Schmerzen stattfand. Da konnte ich wohl meine eigenen Schmerzen nicht mehr ertragen. Ich hatte keinen Widerstand mehr.

Wenn andere Menschen sehr persönlich über ihre Tragödie oder ihre Verletzlichkeit sprechen, dann löst das eine Art von Kettenreaktion aus. Das ist in jeder größeren Gruppe so, nicht nur in den Workshops. Und so hat man plötzlich das Gefühl, in einem Raum voll Schmerz zu sein. Der Schmerz selbst macht einem keine Angst, da ihn ja alle miteinander teilen. Und daher wenden wir uns nicht von ihm ab. Man wird sozusagen aufgefordert, und es ist erlaubt, das Unsagbare zu sagen und das zu fühlen, was man nicht fühlen will, weil die anderen es empfinden.

Schon wenn man sich vorstellt, wenn man sagt, wer man ist und welche Stärken und Schwächen man hat, wird man von vornherein programmiert, der Gruppe gegenüber ehrlich zu sein. Es gibt keine Fassade, nichts Künstliches oder sowas. Es werden keine sozialen Rollen gespielt, man ist einfach so, wie man ist. Und *diese große Ehrlichkeit* macht etwas aus – man kann sich nicht um sie drücken. Du bist einfach da, so wie du bist, und darum kommst du nicht herum.

In dem ersten Workshop war etwas, das mich immer noch verblüfft. Während der ersten anderthalb Tage oder so sah es so aus, als würde die Gruppe sich nicht zusammenfinden. Und es war eine gewisse Frustration vorhanden. Ich weiß, daß ich sie spürte, und einige andere redeten darüber. Eine Teilnehmerin fing damit an und sagte, welche Schwierigkeiten sie mit den Rauchern im Zimmer hatte, oder so etwas Ähnliches. Dann fing sie an, von sich selbst zu sprechen, und sagte, daß sie keine Wahl hätte. Für gewöhnlich werde ich nicht aktiv in einer

»Noch immer bin ich skeptisch.«

Gruppe; ich bin eine Beobachterin, ich lehne mich zurück und schaue nur zu. Und da redete diese Teilnehmerin, und die übrige Gruppe war sehr still, denn was soll man mit dem Problem von Rauchern und Nichtrauchern machen? Und da sagte meine Stimme auf einmal, daß man immer eine Wahl hat.

Daß ich das gesagt hatte, bewirkte, daß es plötzlich zu Interaktionen in der ganzen Gruppe kam. Ich behaupte nicht, daß ich verstehe, was geschah, aber die Gruppe schien dadurch verwandelt zu sein. Ich weiß nicht, was mich veranlaßte, das zu sagen, weil ich in einer Gruppe meistens nicht rede. Aber damals tat ich es.

Die Leute sind es nicht gewöhnt, sich offen über Gefühle auszusprechen, die nicht gerade wunderbar sind – über Verletzungen, Angst, Trauer oder Ressentiment, über Schuldgefühle, Zorn, all diese Dinge. Die Leute verschließen das gerne in sich. Aber hier kam es heraus, weil wir dazu aufgefordert wurden. Ich kann mir fast bildlich vorstellen, daß man ohne diese Gefühle nur ein halber Mensch ist. Und erst wenn du sie einbeziehst, wirst du ganz. Es ist dieses Gefühl der Ganzheit, der Vollständigkeit, das man in der Musik findet, wenn man plötzlich einen Dur-Akkord hört nach einer Menge von Mollklängen. Das befriedigt einen, das ist vollständig, das ist ganz. Und ich glaube, das ist es, was die Workshops zu einer so erstaunlichen Erfahrung macht.

Der Unterschied zwischen dem ersten Workshop und dem zweiten

»Wie ich leichter und freier wurde ...«

bestand darin, daß wir im zweiten aufgefordert wurden zu schreien, und ich glaube, das ist ein sehr nützliches Instrument. Jeder Mensch hat irgendwo, aus irgendeinem Grund einen Schrei in sich, und ein Teil seines Wesens möchte irgend etwas hinausbrüllen. Und dieser Schrei ist etwas so Urmenschliches, daß er selbst die Menschen befreit; er öffnet die Tür zu all den verborgenen, häßlichen Gefühlen. Ich fühlte mich immer besonders angesprochen von dem Bild *Der Schrei.* Der Maler Edvard Munch drückte den Schrei mit künstlerischen Mitteln aus. Es ist sehr schwer, sich ein Bild davon zu machen, wie ein Schrei aussehen würde, aber ihm ist es gelungen. Und der Schrei war in dem Workshop beinahe zu greifen. Er hatte etwas sehr Positives, weil er das Bindeglied zwischen dir und deinem wirklicheren Selbst ist. Und er wirkte sehr befreiend.

Ich finde es interessant, daß ich das Geschehen als etwas betrachte, was die ganze Gruppe ansteckte. Doch das erklärt nicht, warum ein einzelner sich entschloß, den Anfang zu machen. Ich kann nur sagen, daß der erste entweder sehr tapfer oder mit den Vorgängen sehr stark in Berührung war, oder daß etwas anderes am Werk war. Aber wie schon gesagt, wir wurden aufgefordert. Es war also mehr als die Ansteckung durch die Gruppe, es waren auch Deine Erwartungen.

Du sagtest, daß wir vier Tage Zeit hätten, und so stelltest Du jedem von uns eine Aufgabe. Ihr habt vier Tage Zeit, so hieß es im Grund, um »klarzukommen«. Es war also nicht nur eine Einladung, sondern

»Wie die Negativität von mir abfiel...«

eine Art von Herausforderung, es wurde von uns etwas erwartet.

Es war eine sehr beschützte Umgebung, und man kümmerte sich um jeden einzelnen. Ein Mitarbeiter war bereit, mit jedem in der Gruppe zu arbeiten. Sie paßten alle auf, was mit den Leuten vorging, die zur Zeit nicht auf der Matte waren, aber vielleicht eine Reaktion hatten. Außerdem wurde sehr darauf geachtet, daß niemand körperlich verletzt wurde. Wenn die Leute anfangen, auf Gegenstände loszudreschen und um sich zu schlagen, prallen sie leicht auf einen Stuhl und schlagen sich irgendwo den Kopf an. Es wurde sehr darauf geachtet, daß so etwas nicht vorkam. Das hat mir imponiert. Auch dadurch wußte man, daß man sicher war, daß man alles machen konnte und trotzdem sicher war.

Meine Erfahrung des zweiten Workshops war für mich etwas noch viel Persönlicheres als die erste. Nach dem ersten wollte ich mit jedem darüber reden, die Nachricht verbreiten und zu Tode quatschen. Wenn ich es klinisch betrachte, so war es, als wollte ich die Erfahrung loswerden. Am zweiten Workshop aber will ich festhalten. Ich möchte nicht zu viel darüber reden, oder ich empfinde die Vorgänge als so persönlich, daß man schwer darüber reden kann. Man kann nicht einfach sagen: »Ja, also ich war fünf Tage in Oceanside, und jetzt erzähle ich euch, was dort mit mir passiert ist!«

Denn das, was passiert, geschieht auf vielen verschiedenen Ebenen, und ich habe noch nicht ganz verarbeitet, was mir dort aufgegangen ist. Und eine Zeitlang ging ich freundlich mit mir um und nahm mir weniger vor. Aber jetzt finde ich, daß ich wieder viel tun möchte. Ich bin sehr mißtrauisch dagegen, aber jetzt weiß ich wenigstens, was ich tue.

Ich kann nicht sagen, daß der Workshop mich mit meiner Situation gänzlich aussöhnte. Aber er hat mir die Angst genommen. Ja er intensivierte sogar alle Gefühle, die ich verborgen hatte. Aber wenn ich sie nicht gespürt hätte und ihnen nicht nachgegangen wäre, dann hätten sie mich irgendwann zerrissen, glaube ich.

Eine weitere Erfahrung, über die wir noch nicht gesprochen haben, ist der große Umschwung, der in der Mitte oder nach zwei Dritteln des Workshops stattfindet: daß nämlich die negativen Gefühle, der Schmerz und die Notwendigkeit, das alles loszulassen, in den Hintergrund treten und wir uns der Freude, der Positivität, den vorwärtsgerichteten und lebensspendenden Qualitäten des Lebens zuwenden. Du hast uns das in den ersten Tagen eingehämmert, daß wir nur soundso viel Zeit haben, den Schmerz loszuwerden, sich mit dem Schmerz auseinanderzusetzen. Im ersten Workshop habe ich den Umschwung stark gespürt. Ich habe wirklich gespürt, wie die Negativität in der Mitte der Woche von mir abfiel und wie ich am Ende viel leichter und freier wurde. Das zweite Bild, daß ich in diesem ersten Workshop zeichnete, waren Luftballons. Denn so fühlte ich mich: leicht und schwebend.

Im zweiten Workshop erlebte ich das nicht. Ich empfand eine gewisse Leichtigkeit, einfach weil ich mich geöffnet hatte. Es fand eine Befreiung dieser ganzen gebundenen Energie statt, die ich nicht herausgelassen hatte. Aber dieses ganze Zeug, das jetzt hochkam, erschreckte mich. Dabei konnte ich mich nicht leicht fühlen. Mir kam vor, als sei ich im Begriff, mich ganz neu kennenzulernen, und es war so, wie Du beim ersten Mal gesagt hattest, daß es ein langwieriger, vermutlich schmerzhafter Prozeß sein würde, mich auf meine Gefühle einzulassen. Und so geschah es dann auch. Daher erlebte ich nicht mehr die Leichtigkeit, dafür aber vielleicht meine *Wirklichkeit.* Zum ersten Mal fühlte ich mich nach langer Zeit nicht mehr als Schwindlerin. Ich war ehrlich mit mir.

Zwischen Skepsis und Lebensmut

Vielleicht sollte ich sagen, daß ich immer noch skeptisch bin. Ich glaube nicht an, sagen wir, heilende Kräfte. Irgendwie glaube ich an das Göttliche, aber nicht immer, und ich glaube nicht, daß mein Zustand sich bessern wird. Der Workshop hat mir geholfen zu erkennen, daß es nicht darauf ankommt, ob es mir besser gehen würde oder nicht. Worauf es ankommt, ist, daß ich MS habe und wie ich jetzt damit fertig werde. Und ich weiß, was die ganzheitliche Medizin über

Seele, Körper und Geist sagt und all das Zeug und daß ich das nur in Ordnung bringen müßte, dann hätte ich nicht MS. Aber daran glaube ich nicht wirklich.

Da ich mich entschieden habe, skeptisch zu sein, zu zweifeln oder wie auch immer, verfüge ich über meine Wirklichkeit nur von einem Tag zum andern, und das genügt mir. Ich will keine Zeit investieren, darüber nachzudenken, ob es mir besser gehen wird oder nicht. Das kostet zu viel Zeit, und ich habe andere Dinge zu tun. Manche Leute kritisieren mich deshalb, weil ich keine Physiotherapie mache und mich nicht um die neueste Diät oder Vitamine oder was auch immer kümmere. Ich möchte meine Zeit aber lieber mit dem verbringen, was ich gerne tue, was mir Freude macht, und mir weniger Sorgen um meine Krankheit machen. Das Leben bietet mehr als das.

Unmittelbar vor dem ersten Workshop begann ich, an der University of California, Los Angeles, mit Gruppen von Leuten zu arbeiten, die MS hatten. Das mache ich immer noch, und ich habe jetzt ein ganz anderes Gefühl in diesen Gruppen. Ich fühle mich nicht als die große Therapeutin. Ich bin jetzt eine Teilnehmerin und spreche mich mit ihnen aus. Ich leite vielleicht die Gruppe, aber ich leide auch an MS und habe meine eigenen Erfahrungen. Vorher, als ich noch die »Therapeutin« war, brachte ich mich selbst nicht ein; ich war so eine Art von Lehrbuch-Therapeutin. Und jetzt kann ich mich einbringen. Ich glaube, daß der Workshop mir dabei geholfen hat, weil er mir viel von dem Schwindel abräumte.

Ottys Bericht

Eine weitere, tief bewegende Erfahrung wurde uns als Geschenk eines wunderbaren Menschen namens Otty zuteil. Der folgende Bericht wurde mir handgeschrieben, auf gelbem, liniertem Papier überreicht. Ich erinnere mich natürlich noch gut an den Vorfall und habe diesen gelben, linierten Zettel lange aufgehoben, um Ottys Geschichte als Teil dieses Buches anderen mitzuteilen:

Als ich während des Workshops den anderen zuhörte, kamen sehr starke Gefühle von Zorn, Verlassenheit, Ablehnung und Selbsthaß in mir hoch. Das hatte zum großen Teil damit zu tun, daß ich im Alter von 16 Jahren einen künstlichen Darmausgang bekam. Ich sprach beim Mittagessen mit Dir, und Du sagtest, daß ich jedem meinen Darmausgang zeigen sollte! (Es waren circa 75 Leute in der Gruppe.) Ich geriet in Panik und sagte nein. Der Gedanke, mich zu »entblößen«, war so schrecklich, daß ich der nächsten Sitzung fernblieb.

Am nächsten Morgen kam ich in die Sitzung, und als es Zeit war anzufangen, gabst Du mir ein Zeichen, daß ich zu Dir nach vorne kommen sollte. Ich ging sehr widerstrebend und schwor mir, daß ich das nicht tun würde, was Du vorgeschlagen hattest. Du fordertest mich auf, allen zu sagen, wie es ist, wenn man einen künstlichen Darmausgang hat. Ich hielt mich an Deiner Hand fest und erzählte der Gruppe, welche Scham und welchen Ekel ich empfand und daß ich mir wie ein Untermensch vorkam. Was ich sagte, löste etwas in einem anderen Teilnehmer aus. Es war ein junger Mann, der in einem Rollstuhl saß. Ich glaube, er hatte MS. Von der Taille abwärts hatte er keine Funktionen mehr, und er war sehr schwach und dünn. Er schob seinen Rollstuhl zur Matte und ließ sich mit der ganzen Kraft, die er noch hatte, vor der Gruppe auf die Matte fallen und versuchte verzweifelt, mit dem Gummischlauch zu schlagen, während er weinte und seinen ganzen Zorn, seine Hilflosigkeit und seine Frustration hinausschrie.

Überwindung von Scham und Ekel

Als er sich verausgabt hatte, setzte er sich wieder in seinen Rollstuhl, und plötzlich, nachdem ich mitangesehen hatte, was er durchmachte, war es in Ordnung für mich, den anderen meinen Darmausgang zu zeigen. Da wir uns mitten auf einer Wiese unter einem Zelt befanden, wurden Maßnahmen getroffen, mich gleich ins Haus zurückzubringen, wenn ich fertig war, damit ich den Beutel wieder befestigen konnte, den ich abnehmen mußte, um die Öffnung zu zeigen.

Als ich den Beutel abnahm, sagtest Du der Gruppe, daß diejenigen, die nicht hinschauen konnten, weggehen sollten, und daß Du mit denen, die sich erbrechen mußten, später arbeiten würdest.

Du ließt jeden nahe herankommen, und als sie mich ansahen, mehr entblößt, als ich je im Leben war, sagtest Du, daß ich jedem in die Augen sehen sollte. Was ich sah, war Liebe und Angenommensein.

Als ich ins Haus zurückkam, ging ich ins Badezimmer und legte einen neuen Beutel an. In dem Badezimmer befand sich ein Spiegel, und zum ersten Mal nach über dreißig Jahren war ich imstande, meinen Körper ohne den Beutel im Spiegel anzuschauen, und ich sah, daß er kein so häßlicher Anblick war, wie ich gedacht hatte.

Als ich zur Gruppe zurückkehrte, kamen viele zu mir und sagten, wie sehr ich ihnen durch das, was ich getan hatte, geholfen hatte.

KAPITEL 14

Selbstmord, Sich-selbst-Annehmen und Loslassen

Nicht alle Teilnehmer machen so tiefe und positive Erfahrungen in unseren Workshops. Am härtesten getroffen und am wenigsten gelöst sind oft diejenigen, deren Kinder Selbstmord begangen haben.

Es ist schwer zu akzeptieren, daß unsere eigenen Erwartungen und unser eigenes Bedürfnis, unsere Wünsche durch unsere Kinder erfüllt zu sehen, den Verlust eines solchen Kindes noch unerträglicher machen.

All diejenigen, die zu uns kamen, um sich mit ihren unerledigten Dingen auseinanderzusetzen, gingen mit mehr Einsicht fort und begannen zu verstehen, daß wir unser Leben selbst leben müssen, daß wir die Wahl haben, ob wir zu unseren Gefühlen stehen wollen, und daß wir dem Leben als einer Herausforderung statt einer Bedrohung begegnen können.

In unserem letzten Workshop in Ramona hatten wir sieben Suizid-Patienten, und sechs gingen geheilt fort.

Dies ist ein Brief von einer gramgebeugten Mutter, deren Sohn, ein Psychiater, Selbstmord begangen hatte.

Tanyas Brief

Ich weiß nicht, wie ich Dir meine Anerkennung und meinen Dank ausdrücken soll. Ich will nicht zu viel reden, und so komme ich gleich zur Sache.

Du hast mich gefragt, was ich erwartete, als ich zum ersten Mal von Shanti Nilaya hörte, und was für Vorstellungen ich hatte. Ich erfuhr von Shanti Nilaya über C. G. Wir waren zusammen in einer Selbsthilfegruppe für Frauen. Ihre Tochter war gestorben, und sie und ihr Mann waren vor einiger Zeit in Deinem Workshop. Sie gaben mir Deine private Telefonnummer, und als ich Dich erreichte und Dir erzählte,

Tanya stellt sich dem Workshop vor

was mit meinem Sohn geschehen war, sagtest Du: »Kommen Sie her. Wir werden Ihnen helfen.« Ich gebe es nicht genau so wieder, wie Du es gesagt hast, aber schon der Klang Deiner Stimme und daß ich mit Dir sprach, gab mir etwas Hoffnung. Du schienst so sicher zu sein, daß meine Gefühle sich verändern würden.

Am Tag, an dem der Workshop beginnen sollte, fuhr ich los, mit fünfzig Stundenkilometer, und weinte und hatte einen Haß auf jeden Menschen, den ich sah. Ich hätte alle Männer umbringen können, wenn ich die Gelegenheit dazu gehabt hätte, und ich konnte mir nicht vorstellen, daß mein Sohn alle diese Dinge, die ich sah, nicht sehen konnte. Er hatte diese Fahrt immer so gerne gemocht, und er liebte San Diego. Wir waren diese Strecke so oft gefahren, als er noch ein Kind war, und als er heranwuchs, chauffierte er selbst.

Mit seinem Tod habe ich alle Ängste verloren. Aber es war mir alles gleichgültig. Ich war einfach stumpf und hatte eine große Wut und spürte nicht mehr, daß ich am Leben war. Als ich ankam, war mein ganzer Zorn, den ich früher empfunden hatte, daß die Spanier gekommen und den Indianern das Land weggenommen hatten, ohne Konsequenz. Hier war ein Gebäude, hier war Land. Es war Kalifornien, hier waren Leute, und dieser Ort, wo unser Seminar stattfinden sollte, hatte einen Zweck. Das war alles, was ich mir vorstellen konnte.

Mit Güte empfangen

Und Mal war da, der gerade Sachen aus Deinem Auto lud. Ich kannte ihn damals noch nicht, ich sah nur sein gütiges Gesicht, das mich anlächelte. Ich dachte: »Warum lächelt mich der an? Warum sieht er mich freundlich an?« Und dann nahm ich mein Gepäck und ging hinein, und da war Boots. Sie war liebevoll und tröstlich wie immer, und sie kam mir entgegen. Sie sagte mir, wo mein Zimmer war, und ich fühlte mich schon viel besser, als ich sie gesehen hatte, und so ging ich hinein.

Ich erinnere mich sonst an nichts mehr, ich wußte nur, daß es einen Sinn hatte, daß diese Leute hier alle beisammen waren. Und ich wußte, daß Deine Stimme, Deine Stärke und Deine Integrität uns miteinander verbinden und uns helfen würden.

Ich möchte erzählen, was ich in diesem Workshop erlebte. Dein Einführungsvortrag brachte uns, brachte mir Dein ganzes Wesen nahe und zerstreute die Bedenken, die ich vielleicht noch hatte, als Du uns davon erzähltest, wie Du als Drilling Deine Identität verloren hattest. Irgendwie wurde es Dir dadurch möglich, mit uns zu verschmelzen, Rollen zu tauschen, diesen oder jenen Platz einzunehmen und hierhin und dorthin zu treiben, um uns zu führen, uns ohne Angst zu leiten. Ich empfing Liebe und Zuwendung von Dir durch das, was Du uns mitteiltest. Du hast uns zu einer Familie gemacht und uns gesagt, daß wir zu einem bestimmten Zweck zusammengeführt worden sind und daß wir etwas zu tun haben.

Ich glaube, daß die Einheit, die wir trotz unserer Unterschiedlichkeiten als Gruppe waren, uns wirklich Zusammenhalt gab. Wir konnten voll Vertrauen miteinander arbeiten, weil wir wußten, daß alles, was wir taten, einem anderen vielleicht helfen würde. Ich konnte die Gefühle anderer Menschen nachvollziehen, und ich sah, wo sie standen und was mit ihnen geschehen war. Während der ganzen Zeit dachte ich immer an meinen Sohn. Warum konnte er nicht dabei sein; hätte es ihm nicht geholfen? Warum hilft man den Ärzten nicht; wie kann man ihnen helfen; warum gibt man ihnen keine Alternativen?

Jedes Risiko, jede Angst vor einem Risiko löste sich auf. Ich fühlte mich vollkommen getragen von Deiner Liebe, und ich fühlte mich in dieser Umgebung in jeder Hinsicht geborgen. Meine ganze Aufmerksamkeit richtete sich nur darauf, dort zu sein, wo ich eben war. Ich brauchte mich für nichts mehr zu entschuldigen. Ich brauchte mir um nichts mehr Sorgen zu machen. Die Kinder waren in Obhut, und ich durfte wirklich das fühlen, was ich damals empfand.

Ich habe mich mit dem Tod meines Sohnes nicht abgefunden. Ich glaube, daß es so viele Dinge gibt, die ihm hätten helfen können, weiterzuleben. Ich erinnere mich, daß Du gesagt hast: »Nimm die Scheiße und verwende sie als Dünger. Sei ein guter Gärtner.« Das ist sehr wichtig. Ich erkannte, als ich in Shanti Nilaya war, daß ich ein Teil von Shanti Nilaya sein wollte. Ich nahm Deinen Mut mit nach Hause, Deine Worte vom Dünger, Deine persönliche Entschlossenheit, alle Hindernisse zu überdauern und zu überwinden.

Du sagtest, daß die Rückkehr das Schwerste ist, und das stimmte. Die Rückkehr in die sogenannte reale Welt, in der jeder so unwirklich ist und solche Angst hat vor seinen Gefühlen, ist schwer. Ich weiß nicht, worin mein Lebenszweck besteht; ich weiß nicht, wohin ich gehen und was ich tun werde. Es ist meine Hoffnung, daß ich vielleicht irgendwann einmal etwas für Shanti Nilaya tun kann.

Über Mal kann ich gar nicht genug sagen. Er lächelte mir zu, als ich ankam. Und während des ganzen Workshops hat er mir auf sanfte Weise Mut gemacht. Er begegnete mir mit so viel Freundlichkeit und Respekt und Interesse, und er schien wichtig zu nehmen, was ich zu sagen hatte und wer ich war, und das gab mir ein Gefühl der Bestätigung, daß ich einen Wert hatte.

Ich bin jedem einzelnen dankbar, besonders dafür, daß sie mir Mut gemacht haben, zu weinen, zu schreien, nichts zurückzuhalten. Ich wollte niemanden stören, als wir alle zusammen waren. Da wurde mir gesagt: »Nein, laß es heraus. Du störst niemanden.« Und jetzt kann ich meinen Mund aufmachen und weinen, und ich kann sagen, was ich empfinde.

Trauer will zum Ausdruck kommen

Besonders wichtig in meiner Workshoperfahrung war, daß ich meine Trauer wirklich ausdrücken konnte, die Trauer darüber, daß mein Verlust mein ganzes Leben bedeutete. Das einzige, was ich in meinem Leben empfinden konnte, war der Verlust meines Sohnes. Davon gab es für mich keine Ablenkung. Aber in dem Workshop wurden alle Anforderungen an mich als einzelne Person beiseite gestellt, und ich durfte meinen Schmerz fühlen. Nichts hätte diesen Schmerz wirklich zum Stillstand bringen können; aber dadurch, daß ich ihn ausdrücken konnte, hatte ich das Gefühl, am Leben zu sein. Indem ich meine Trauer und meine Gefühle zum Ausdruck brachte, fühlte ich auch das Leben meines Sohnes.

Als ich nach Hause zurückkam, hatte ich nicht mehr das Gefühl, mit Creed, meinem Sohn, in Kontakt zu sein. Niemand sprach von ihm. Niemand wollte etwas zu mir sagen. Ich zog mich in mein Leben mit meinen Kindern zurück, und keine meiner Töchter konnte mit mir reden. Niemand schien zu merken, was los war. Es war, als ob alle mit geschlossenen Augen herumgingen und andere Dinge ansahen, und ich war die einzige, die Creeds Verlust empfand.

Wenn man nicht weinen darf

Die Mädchen schrien mich an, wenn ich weinte. Eine von ihnen brüllte, daß ich aufhören, daß ich das nicht tun sollte. Sie konnte es nicht ertragen. Meine älteste Tochter weigerte sich, überhaupt etwas zu sagen. Ein- oder zweimal sprach sie darüber und sagte, daß Creeds Verhalten verrückt gewesen wäre und daß sie nichts damit zu tun haben wollte, und sie würde nicht mehr mit mir reden, wenn ich mich so aufführte. Sie drehte mir nicht nur den Hahn zu, sie tat so, als ob Creed nicht existierte.

Nur meine jüngste Tochter ließ mich weinen. Aber wenn ich weinte, während ich am Steuer saß, sagte sie: »Mutter, du fährst Auto. Hör auf zu weinen. Du bist jetzt in der Gegenwart. Creed ist tot. Tu das nicht, Mutter.« Lange Zeit war es so, als hätte sie die Mutterrolle übernommen, und ich hatte keine Kontrolle über mich. Jeder wollte sagen: »Du wirst schon darüber hinwegkommen. Es ist alles wieder gut. Denk jetzt nicht dran und beschäftige dich.« Ich konnte mich aber eine lange Zeit nicht beschäftigen.

Während des Workshops durfte ich ganz aktiv trauern und in jeder Form, in der ich mich ausdrücken wollte. Als ich zu meiner Familie und meinen Freunden zurückkehrte, wo ich meine Trauer nicht ausdrücken durfte, empfand ich das als hemmend. Ich fühlte mich blockiert, und es war sehr schwierig für mich, das tägliche Leben zu bewältigen. Die fünf Tage im Workshop, als ich trauern durfte und mit Leuten zusammen war, die mich verstanden, machten mir sozusagen Appetit. Sie halfen mir, aber fünf Tage reichten nicht wirklich aus. Ich wollte weiter trauern; ich hatte es noch einige Zeit nötig, so aufgehoben zu sein und den Rückhalt zu spüren.

Ich wollte noch einmal in einen Workshop, weil ich nur dort geborgen war. Ich fühlte mich nirgends geborgen außer in Shanti Nilaya. Die Leute um mich herum hatten nicht nur kein Verständnis, sie waren selbst nicht wirklich. Ich fand, daß sie nicht merkten, wie wichtig es war, mit anderen ehrlich zu sein, nicht nur mir gegenüber, sondern auch in ihrer eigenen Lebensweise. Es hatte keinen Wert mehr für mich, mit Leuten zu reden, weil ich es als unwirklich empfand. Es fiel mir schwer, überhaupt etwas zu tun. Lange Zeit war es einfach zu schwierig für mich, mich in Bewegung zu setzen. Ich wollte wirklich nach Shanti Nilaya zurück.

Ich hatte gedacht, dieser Workshop wäre ein Weg für mich, Hilfe zu bekommen, und merkte nicht, wie hochgespannt meine Erwartungen waren. Ich erinnere mich, wie ich sofort dachte, als ich von Elisabeth hörte: »Hier ist ein Hoffnungsschimmer, daß ich Creeds Tod überleben kann!« So viele Leute kamen zu mir und gaben mir Ratschläge, und nichts war das Richtige. Ich hatte irgendwo von Elisabeth Kübler-Ross im Zusammenhang mit Tod und Sterben gehört. Im Grunde interessierte es mich nicht sehr, es gehörte nicht zu meinem Leben. Aber ich dachte, daß sie vielleicht ein Mensch wäre, dem ich vertrauen konnte, weil sie so viel Erfahrung hatte. Die Pfarrer, mit denen ich gesprochen hatte, ließen mich schrecklich im Stich.

Ich meinte wirklich, daß sie etwas Mystisches besaß, irgendeine Magie, die ihr über das Leben meines Sohnes Macht gab, und daß sie mir etwas sagen konnte, was ich nicht wußte. Ich dachte, daß ich dann weitermachen und wieder leben konnte, weil ich mir überhaupt nicht vorstellen konnte, wie ich weiterleben sollte. Es war mir, als ob ich verstümmelt wäre, und ich sah keinen Weg, wie ich wieder auf die Beine kommen und mein Leben in die Hand nehmen sollte. Nachdem ich Dich gesehen hatte, glaubte ich wirklich, daß es Dir möglich wäre, so etwas zu vollbringen. Ich hatte einige Fragen, ich hatte auch Zweifel, denn ich sah Dich als einen Menschen, und ich weiß, daß kein Mensch unfehlbar ist.

Auf der Suche nach einer Antwort

Ich glaube, ich legte übermenschliche Kräfte in Dich hinein und dachte, daß alles, was Du tun würdest, richtig wäre. Du würdest alles in Ordnung bringen, Du würdest eine Antwort haben auf alle Fragen.

Ich bekam keine Antwort auf die Frage, was mit Creed geschehen war. Ich bekam keine Antwort auf die Frage, wo er sich jetzt aufhielt, die ich verstehen konnte, weißt Du. Ich fand keinen Weg, auf dem ich ihn erreichen konnte. Ich wußte, daß ich unerfüllt nach Hause zurückkehren würde und daß ich eine lange Suche vor mir hätte, eine fortgesetzte Suche. Ich hatte gehofft, ich würde ihn erreichen können. Ja. In einer gewissen Weise.

Was mir im Workshop wirklich geholfen hat, war das eine Mal, als ich spazierenging und das Gefühl hatte, daß ich wie Creed ging. Ich dachte daran, wie Creed gegangen war, und empfand, daß ich wie Creed ging. Wenn ich im Kreis saß, setzte ich mich immer in die erste

»Ich durfte meinen Schmerz fühlen ...«

Reihe. Ich stellte mir vor, daß er im Seminar, im Workshop wäre. Dann fühlte ich mich ihm nahe, weil ich an die Leute dachte und wußte, daß einige Ärzte anwesend waren. Aber ich verstand immer noch nicht, warum er nicht dabei sein konnte, warum er das nicht miterleben durfte. Denn diese Erfahrung hätte ihm das Leben retten können. Ich konnte nicht begreifen, warum so etwas nicht mehr Menschen angeboten wird. Es war wirklich sehr wichtig für mich. Ich spürte ihn. Ich weiß nicht, ob ich fühlte, daß er mit mir teilnahm, aber ich stellte mir vor, wie er sich in dieser Situation verhalten hätte. Das war es, glaube ich. Ich stellte mir vor, wie ich mich in derselben Situation verhalten würde.

Ich wäre gerne zu solchen Veranstaltungen mit ihm gegangen, weil sie die Gelegenheit zu innerem Wachstum bieten. Ich war böse mit mir, weil ich nicht gesagt hatte: »Warum nimmst du mich nicht mit . . .?«; weil ich die Ankündigung der Seminare gesehen, aber nie daran gedacht hatte, teilzunehmen. Ich wußte nicht, daß auch andere Leute hingehen können. Ich dachte, daß nur Ärzte diese Möglichkeit hatten. Ich fühlte mich ausgeschlossen.

»Ich fühlte mich nirgends geborgen außer in Shanti Nilaya . . .«

An meinen eigenen Tod hatte ich nicht gedacht. Dann merkte ich, und es wird mir immer deutlicher, daß Creeds Tod auch mein Tod ist und daß ein großer Teil meines Lebens mit ihm gestorben ist. Ich habe das Gefühl, daß ich nicht einmal mehr zur Hälfte am Leben bin.

Vor dem Workshop versuchte ich, ruhig zu bleiben und mir vor den Kindern nichts anmerken zu lassen. Ich glaube nicht, daß ich ihnen dadurch ein gutes Beispiel gab, ich ließ ihnen keine Alternativen. Ich war eine Person aus Plastik. Ich war immer nett. In meinem Inneren hatte ich immer eine Menge von Tränen, die ich niemandem zeigte, eine Menge Zorn. Ich wußte nicht, daß ich zornig war. Ich fühlte mich von ihm betrogen, und ich fühlte mich verantwortlich.

Als meine Kinder mich fragten, was mit mir los sei, sagte ich es ihnen nicht. Ich sagte nur: »Ach, nichts. Es ist schon alles in Ordnung.«

Ich investierte so viel in Creeds Leben. Ich erwartete so viel von ihm! Mein Leben ging völlig in dem auf, was er erreicht hatte. Ich glaube, das ist es, was so schwer für mich ist. Ich muß mich neu orientieren und einen Weg finden, um ein eigenes Leben zu führen. Das war vorher nie nötig gewesen, weil ich mich ganz durch Creed ausgedrückt hatte. Ich funktionierte als Mutter und kümmerte mich um alles, aber in meinem Inneren wußte ich, daß Creed sein eigenes Leben lebte, und ich konnte alles tun, was ich tun mußte, weil er wirklich etwas erreichte. Er war ein freier, erfolgreicher Mensch, der seinen Mitmenschen diente. Das war mir so wichtig. Ich glaube, wenn ich eine Art zu leben finden könnte, die einen Sinn hätte, so wie Creeds Leben in meinen Augen Sinn hatte, dann wäre ich zufrieden.

Creeds Tod zerstört nicht, was er geleistet hat. Und in unserem Gespräch gestern sagtest Du mir, daß er sich große Mühe gibt, mir zu helfen, und daß meine Schutzengel mir helfen werden, damit es mir besser geht. Ich möchte irgendeine Art von Bestätigung dafür, damit ich es weiß. Du sagtest, ich sollte nach Shanti Nilaya in den Workshop kommen. Ich sagte Dir, daß ich meine zwölfjährige Tochter mit dem Auto in die Schule fahren und wieder abholen muß, und Du antwortetest: »Deine Schutzengel werden dir helfen, alles wird sich von selbst lösen, so daß du kommen kannst.« Und schon allein dadurch, daß Du es gesagt hattest, empfand ich es als wirklich. Ich glaube alles, was Du sagst.

Auch ich kann nützlich sein

Im Workshop war eine junge Frau, die sagte, daß sie mich verstand, als ich russisch zu sprechen anfing. Du hattest beobachtet, daß sie gerade damals sehr erregt war. Da hast Du sie auf die Matte geschickt und sie erzählen lassen, was geschehen war. Sie begann, und dann hörte sie auf. Dann hast Du mich gebeten, auf russisch zu singen. Ich fing an, russische Lieder zu singen, und das Mädchen brachte vieles heraus und war emotional sehr aufgewühlt. Und Du ließt mich weitermachen. Damals fühlte ich mich sehr nützlich. Es war für mich etwas so

Natürliches. Es war nichts Besonderes, es gehörte einfach zu mir, es war ein Teil von mir. Und da ich auf diese Weise etwas für einen anderen Menschen tun konnte, kam ich mir wichtig vor. Ein vitaler Teil von mir war wie ein Lichtstrom, der von mir ausging.

Davor hatte ich der Gruppe ein russisches Lied beigebracht. Als ich ihnen die Worte vorsprach und das Lied mit ihnen einstudierte, fühlte ich sehr stark die Energie und das Lied und die Musik, und das hat mir viel gegeben. Ich gewann ein neues Verhältnis zu mir selbst. Mir kam vor, als hätte ich eine Energie, mit der ich etwas anfangen konnte, als wäre ein Teil von mir brauchbar. Ich habe nicht wirklich etwas getan, es geschah automatisch durch mich. Das gefiel mir, weil ich nichts gemacht habe, weil ich nichts manipulieren wollte, weil es einfach geschah. Ohne zu manipulieren, indem ich natürlich strömte, fühlte ich mich zutiefst wohl.

Was mir neue Kraft gegeben hat

Am wichtigsten für mich war vielleicht Dein Ausspruch, daß wir die Scheiße nehmen und guten Dünger draus machen sollten, daß wir gute Gärtner sein sollten. Du sagtest das zu einer Zeit, als mein persönliches Erlebnis den Höhepunkt erreichte. Du erzähltest es dann der Gruppe und gabst auch die Geschichte von dem Mann wieder, der sagte: »Kommt an den Rand!«*, und wie sie alle »nein« sagten, und beim dritten Mal stieß er sie, und sie flogen. Ich glaube, daß diese beiden Dinge in meiner Erfahrung noch bedeutsamer waren, weil sie etwas in mir wachriefen, womit ich arbeiten konnte. Es war etwas anderes, als was ich allein für mich getan hatte, und als ich die Lieder sang, erlebte ich das als angenehm. Aber das gab mir eine neue Kraft, daß ich diese Worte gebrauchen konnte, und vielleicht würde ich fliegen und nicht über den Rand stürzen. Ich spürte, daß ich den Schmerz in meinem Leben in die Hand nehmen und etwas daraus machen konnte, was zum Segen wurde. Das gab mir Hoffnung. Deine Geschichten und Gleichnisse gaben mir Hoffnung, daß es einen Platz für mich gab und etwas, das ich tun konnte.

---

* Der genaue Wortlaut einer unserer Lieblingssprüche heißt:
Der Appolonaire sagte: »Kommt an den Rand!«
»Nein, das können wir nicht, wir haben Angst.«
»Kommt an den Rand!«
»Nein, wir können nicht, wir werden hinunterfallen.«
»Kommt an den Rand!«
Und sie kamen, und er stieß sie, und sie flogen!
Darin ist noch eine weitere Botschaft enthalten neben der vordergründigen, nämlich daß wir nie öfter als dreimal bitten oder herausfordern sollen. Wenn wir in irgendeiner Lebenssituation darüber hinausgehen, drängen wir unseren Mitmenschen unsere eigenen Bedürfnisse auf und bringen sie um das größte Geschenk, das Gott uns gemacht hat: den freien Willen!

»Ich fing an, russische Lieder zu singen ...«

Dies waren die Höhepunkte. Es war, als ob sie schon dagewesen wären, nur daß jetzt Licht auf sie fiel. Es war ganz anders. Es war sehr, sehr positiv. Ich sah nicht, wohin ich ging, ich konnte die Richtung nicht sehen. Aber ich wußte, das ist die Wahrheit. Ich *weiß* es.

Ich komme nicht schnell vorwärts, ich muß mich antreiben. Ich brauche ständig die Ermutigung, daß ich an den Rand kommen soll. Ich bin schon zweimal geflogen, und jedesmal flog ich zurück; und dann muß ich mich immer wieder aufraffen und mich wieder anspornen lassen, weiterzugehen. Aber jedesmal weiß ich, daß es möglich ist. Es hält nicht lange vor. Wenn ich keine Unterstützung bekomme, falle ich auf die Nase. Aber allein Dein Anruf war ein riesiger Schritt vorwärts. Du weißt schon, das Fliegenkönnen wurde wieder wachgerufen. Ich wurde daran erinnert, daß ich fliegen kann, erinnert auch an den Mut, den ich dadurch zum Ausdruck brachte, das weiß ich, daß ich gekommen war. Das war im Grunde gar nichts; ich meine, ich *mußte* es ja tun, um mein Leben zu retten. Ich mußte es tun. Aber ich weiß, daß ich die Einladung annahm, dorthin zu kommen.

An dem Abend, als wir das Lagerfeuer hatten, faßten viele Leute endlich Mut zu reden. Und Du mußtest Schluß machen. Da standen achtzig Leute mit ihren Fichtenzapfen, und das konnte Stunden dauern. Da sagtest Du schließlich: »Ihr habt eure Chance schon gehabt. Entscheidet euch!« Und ich wartete, weil ich nicht wußte, was ich sagen sollte. Ich wußte es wirklich nicht; es gab nichts, was ich zurücklassen wollte. Ich hatte ja schon alles im Workshop zurückgelassen, und ich merkte, daß es so viele Leute gab, die sich endlich öffneten und aufwachten. Und ich erkannte, daß ich mit dem Fichtenzapfen nicht meine Vergangenheit verbrennen wollte, weil ich meine Vergangenheit nicht zerstören oder vergessen wollte, sondern ich wollte leichter werden, wenn ich vorwärts ging. Und ich konnte nur einen Schritt weit sehen. Ein kleiner Fichtenzapfen im Dunkel kann nicht viel ausrichten. Aber ich spürte in diesem Augenblick eine Art instinktiver Hoffnung.

Meine Gefühle waren aus dem Gleichgewicht

Vor dem Workshop hatte ich eine rasende Wut. Ich war normalerweise eine liebenswürdige Person, aber auf einmal waren mir die anderen schnurzegal. Es war mir gleichgültig, wer was empfand, welche Gefühle ein anderer über etwas hatte. Es ließ mich einfach kalt! Das war total. Ich war völlig verändert; jedes Gefühl, das ich hatte, war umgekrempelt – meine Sorge um andere, meine Sensibilität. Ich war wütend.

Ich wollte auf meiner Fahrt nach Escondido niemanden von der Straße drängen, aber wenn einer tot auf der Strecke geblieben wäre, hätte ich gesagt: *»Prima!«* Aber das hätte Creed nicht zurückgebracht, und so war es mir gleich. Meine Gefühle waren aus dem Gleichgewicht. Es war nichts mehr vernünftig. Ich sah diese Leute, die sich hier versammelten, und ich fragte mich, warum Creed nicht da war. Ich verstand nichts mehr.

Was mich besonders stark beeindruckt hat, war die Erkenntnis, wie nötig es ist, Zorn auszudrücken, sich seiner Gefühle bewußt zu sein, wenn man sie erlebt. Ich habe so viel verdrängt, daß ich mich sozusagen kaum mit der Nase über Wasser halten konnte, um nicht völlig unterzugehen. Ich glaube, ich war in meiner langen Unfähigkeit, mich selbst auszudrücken, schon untergegangen. Ich hatte meine

»Wie nötig es ist, Zorn auszudrücken ...«

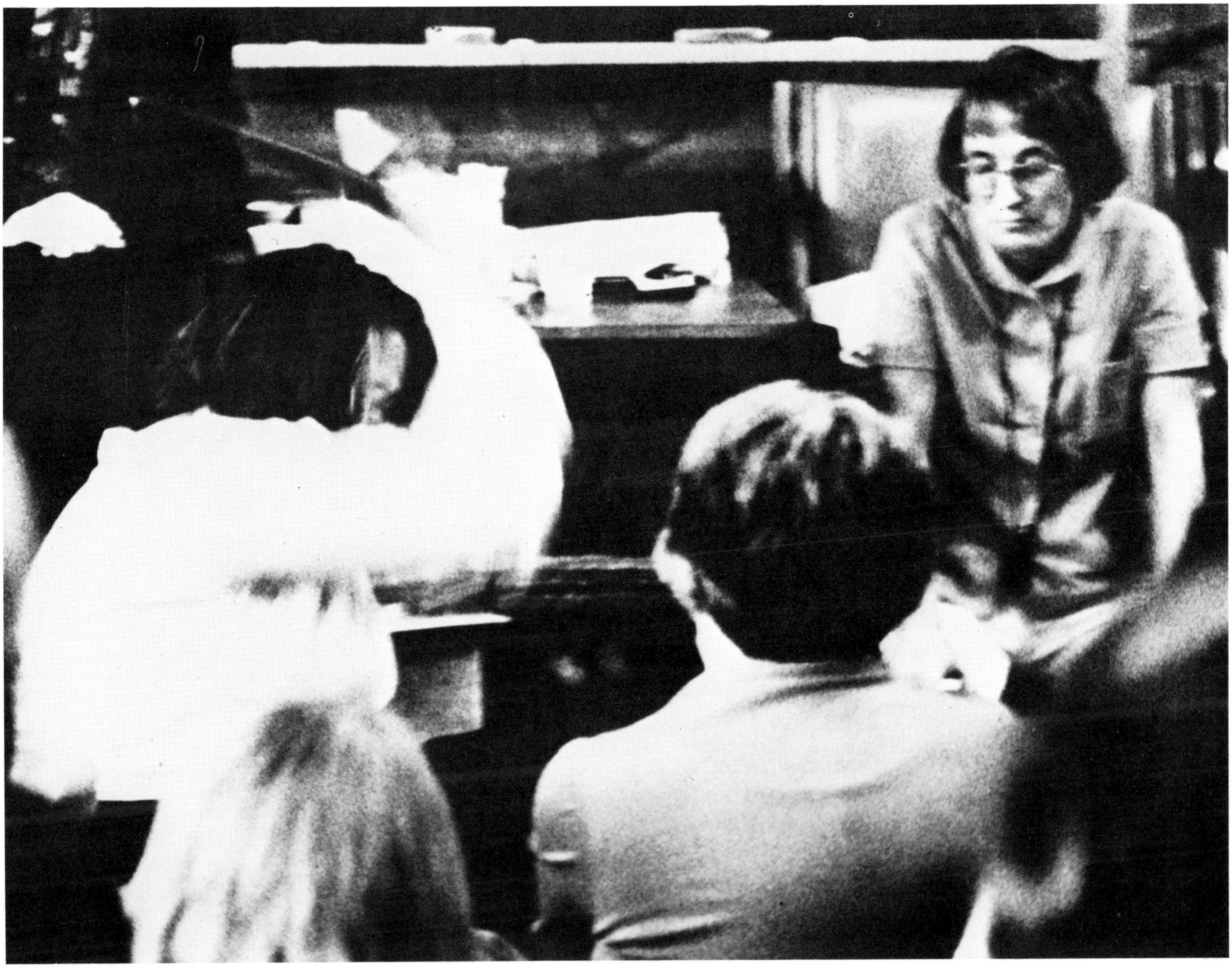

Kinder und die Menschen, die um mich waren, verwirrt, weil ich die Dinge nicht ausdrückte, die mich quälten. Ich wußte nicht einmal, daß ich mich quälte. Darüber dachte ich also nach, und ich begreife mehr und mehr.

Ich sehe, wie es sich auswirkt, wenn ich meinen Zorn jetzt herauslassen kann. Und ich weiß jetzt über meine Gefühle Bescheid, was ich damals nicht wußte. Ich weiß jetzt, welche Gefühle ich hatte. Ich glaube daher, daß getan werden muß, was Du mit der ganzen Gruppe vor meinen Augen getan hast und was, wie ich meine, auf den medizinischen Hochschulen getan werden sollte. Ich glaube, daß es in vielen, vielen Situationen getan werden sollte: den Menschen die Gelegenheit zu geben, mit sich selbst in Fühlung zu kommen. Und ich meine, die einzige Art, wie wir der ganzen Welt helfen können, wäre die, daß nicht nur wir, sondern daß alle Menschen fähig werden, ihre gewalttätigen Gefühle loszuwerden. Sonst richten wir sie gegen uns selbst, und dann wirken sie sich auf andere Menschen in unserem Leben aus. Ich glaube, das war es praktisch, was mir am meisten geholfen hat.

Und ich glaube, es ist wichtig, daß dies in einer sicheren Umgebung geschieht. Ich glaube, daß wir dazu erzogen werden müssen, damit wir es können. (Ich weiß, daß der erste Workshop, das Psychodrama, dazu gehörte; aber ich traute den anderen Leuten nicht, wie ich Dir vertraute.) Dir konnte ich, ohne zu zögern, mein ganzes Herz und meine Seele öffnen.

Ich glaube, daß das Erlebnis mit Y. L. sehr stark auf mich gewirkt hat. Ihr Leiden war nicht nur die Trauer um ihren Mann und ihr Kind, sondern sie hatte dauernd epileptische Anfälle. Und trotzdem fand eine bemerkenswerte Wandlung in ihr statt. So etwas ist unglaublich, wenn man sieht, wie ein anderer mit sich ringt und durchkommt, ringt und durchkommt und wieder ringt und durchkommt. Es war ein großes Erlebnis für mich, zu sehen, welche Spannkraft ein Mensch hat.

Ich glaubte und vertraute Dir, aber nicht nur, weil ich beobachtete, wie Du mit den anderen arbeitetest. Nein, es war auch Deine Liebe, nicht nur Deine Fähigkeit. Es war Deine *Liebe* zu jedem Menschen und Dein Wissen, wie Du mit jedem arbeiten mußtest, welche Worte die richtigen waren. Das Wissen, wann Du Dich zurückziehen mußtest und zu welchem Zeitpunkt genau Du was zu tun hattest. Ich konnte mich Dir vollkommen anvertrauen, weil ich an Dich glaubte.

Zu Seite 147: Tanya am letzten Tag auf dem Workshop

Ein Brief von Barbara

Meine Mutter und ich saßen am Abend des Erntedankfests zusammen und sprachen darüber, wie sehr wir uns gegenseitig vermißten, seit ich einige Jahre zuvor von meiner Heimatstadt weggezogen war.

Sie wollte nie darüber sprechen, daß sie älter wurde. Sie ging mit einem Scherz darüber hinweg; doch an diesem Abend war sie bereit, ihre Gefühle und Ängste mitzuteilen – und ich war es nicht.

Dieser Besuch bei meiner Mutter und die Tage, die wir zusammen verleben würden, um miteinander zu reden, zu lachen und uns auf eine neue Weise nahezukommen, bedeuteten mir viel.

Unsere Beziehung war nicht immer so eng gewesen. Wir hatten viele Jahre wachsender Schmerzen, voll Enttäuschung, Kritik und Erwartung hinter uns. Ihre beiden Eltern waren plötzlich auf tragische Weise ums Leben gekommen, und ihre Ehe mit meinem Vater war schwierig.

Ich war das Kind, das dazu ausersehen war, ihre Träume zu erfüllen, und daher waren ihre Erwartungen hochgespannt und ihre Enttäuschungen groß. Mein ganzes Leben habe ich darum gekämpft, mich unabhängig von ihr zu machen, sosehr ich ihre Fürsorge und Liebe brauchte, wünschte und liebte.

Anfang Juni erhielt ich einen Telefonanruf mit der Nachricht, daß meine Mutter einen leichten Herzanfall erlitten habe und daß ich noch abwarten sollte, bevor ich nach Hause käme. Kurz darauf bekam ich noch einen Anruf, in dem es hieß, daß sie einen schweren Anfall erlitten hatte, daß man mir die Wahrheit sagen wollte und daß ich schnell kommen sollte. Für die Aufrichtigkeit dieses zweiten Anrufs werde ich immer dankbar sein.

Ich verbrachte die Woche bei ihr und konnte kaum glauben, daß all diese medizinischen Geräte an ihren Körper angeschlossen waren, und dachte nur, daß sie gesund werden würde und bald herauskäme und daß wir dann gleich wieder miteinander reden und lachen würden.

Meine Angehörigen sagten mir, daß ich lächeln und sagen sollte, daß meine unglückliche Ehe prima sei, besser denn je, und daß ich meine Mutter nicht anfassen sollte.

Aber die anderen erwarteten ebensowenig wie ich, daß sie sterben würde, und gingen weiter ihrer Arbeit nach, übten ihre Kritik und redeten nur von erfreulichen Dingen – und verschoben es ein um den anderen Tag, sie zu berühren, zu weinen und von der Angst zu reden.

Am letzten Abend, als ich ihr einen Gutenachtkuß gab, sah sie mich lange an und sagte: »Leb wohl, mein Liebes, ich danke dir.« Zwei Stunden später starb sie.

Als ich ins Krankenhaus kam, saßen die Schwestern mit gesenkten

Augen über ihrer Pizza und schwiegen. Neben dem Bett meiner Mutter stand ein großer Karton. Ich war befremdet, mit welcher Schnelligkeit sie ihre Sachen weggeräumt und eingepackt hatten. Erst später erfuhr ich, daß dies in Krankenhäusern das übliche Verfahren war und eine Art, »Hilfestellung zu leisten«.

Sie lag friedlich da, und es war so tröstlich, zu ihr ins Bett zu steigen, mich an sie zu kuscheln und mit ihr zu reden.

Als ich sie wieder ansah, bemerkte ich große Schürfwunden und Beulen an ihrem Kopf. Man sagte mir, daß ich bis zum nächsten Morgen warten müsse, um herauszufinden, was geschehen war. Schließlich wurde mir erklärt, daß man sie auf einem Nachtstuhl allein gelassen hatte und daß sie heruntergefallen und gestorben war. Obwohl sie erst seit wenigen Stunden aus der Intensivstation entlassen war, hatte man sie in dieser Weise alleine gelassen, und auch das war in Krankenhäusern üblich.

Später, im Lauf des Tages, begriff ich, daß ich meine Mutter nicht mehr während der Arbeit anrufen konnte, daß sie nicht mehr zu Hause war, und ich wußte nicht, wo sie war. Niemand hatte etwas davon gesagt, daß jemand mit einem Bestattungsinstitut Kontakt aufnehmen sollte. Ich rief im Krankenhaus an, um zu erfahren, wo meine Mutter war. »Kühlhalle«, lautete die Antwort. Und so begannen der Schrekken, die Isolation, die Sehnsucht und die Einsamkeit.

Während dieser Tage nach dem Begräbnis, als ich Mutters Besitztümer zusammenpackte und das Haus verließ, in dem es keine Familienfeiern mehr geben würde, drückten mir befreundete Ärzte ungebeten Rezepte in die Hand – für Pillen, um die Sinne zu benebeln und meinen Verlust und Schmerz zu dämpfen.

Ich begann, Zärtlichkeit mit Schmerz und Nähe mit Verlust zu assoziieren. Tagelang, wochenlang wartete ich auf ein Wunder, das sie zurückbringen würde.

Ich verlor den Glauben an den Sinn des Lebens

Ich wurde immer abwesender, orientierungsloser und einsamer. Als ich nach Hause zurückkam, war ich unfähig zu arbeiten, zu unterrichten, Mutter zu sein, meinen Freunden in die Augen zu sehen oder zu verstehen, wie das alles weitergehen konnte, da doch meine Mutter gestorben war. Je mehr die anderen von mir erwarteten, desto mehr verlor ich den Glauben an meinen Lebenssinn und an das tägliche Leben. Die Rezepte wurden wichtiger für mich.

Eines Morgens rief mich eine Bekannte an und erwähnte eine Ärztin namens Elisabeth, die für Leute wie mich auf der ganzen Welt Workshops abhielt. Ich rief das Büro in Shanti Nilaya an und erfuhr, der Workshop sei ausgebucht, und es gäbe eine Warteliste. Sie würden sich melden, wenn ein Platz frei wäre. Kurz danach rief »Boots« zurück und sagte, sie hätte mich noch »eingeschleust«. Als ich Boots dann kennenlernte, sah ich, daß ihre intuitive Gabe nur eine der besonderen Eigenschaften ist, durch die sie sich uns schenkte.

Ich kam abwesend, verschlossen und deprimiert im Workshop an. Während dieser Tage weinte ich viel und weinte all die Tränen, die ich tief in meinem Inneren zurückgehalten hatte – wegen meiner besten Freundin, die ertrunken war, wegen einer Kindheit voll Schmerz über meine unglücklichen Eltern, wegen eines Vaters, dessen Zorn und Kritik mein Dasein überschattete, wegen eines Bruders, den ich nie kennengelernt, und wegen meiner Mutter, die ich erst so kurze Zeit gekannt und so sehr geliebt hatte.

Elisabeth, ihre Mitarbeiter und fünfundsiebzig andere hörten mir zu und gaben mir Zeit, Geduld, Zärtlichkeit und die Freiheit, mich ohne Schuld- und Schamgefühle auszusprechen, und die Kraft, von den Medikamenten loszukommen.

Da fing ich wieder an, an mich zu glauben; es war der Beginn eines neuen Glaubens an das Leben und die Liebe.

Innerhalb dieser zwei Jahre habe ich mehr Verständnis dafür bekommen, was den Menschen und ihrem Dasein passiert, wenn sie im Leben oder im Sterben isoliert sind.

Zusätzlich zu meiner kreativen Arbeit, zur Betreuung meiner Kinder und der Freude an einer liebevollen Beziehung mache ich jetzt psychologische Beratung in einer ganz besonderen Gruppe freiwilliger Helfer, die trauernden Einzelpersonen und Familien Hilfestellung geben.

Dank für den Neubeginn

Ich möchte meinen Freunden dafür danken, daß sie zugehört haben; ich danke allen, die ihre Zeit und ihre Sensibilität zur Verfügung stellen und mit ihrer Lebenserfahrung anderen helfen und sich gegenseitig unterstützen, und ich danke Elisabeth, daß sie uns gelehrt hat, wie man mit Ehrlichkeit lebt, liebt und stirbt.

Herzlich *Barbara*

Barbara, die nie zuvor in ihrem Leben Drogen oder Beruhigungsmittel genommen hatte und schockiert war, wie leicht man sie bekommen konnte, war glücklich, die Fläschchen mit Beruhigungstabletten während unseres Rituals am Donnerstag abend ins Feuer werfen zu können. So wurde eine weitere Tragödie verhütet, und ein neues Leben und eine wunderbare Freundschaft nahmen ihren Anfang.

Eine besonders bemerkenswerte Erfahrung machte ich mit einer Multiple-Sklerose-Patientin, die mir vor vielen Jahren einen sehr bewegenden Brief geschrieben hatte, nachdem sie mich in einem Vortrag an der Westküste erlebt hatte. Sie wollte mit ihrem Leben Schluß machen und war sehr niedergedrückt. Ich schrieb ihr und ermutigte sie, ihren Schmerz und ihre Qual mitzuteilen, nicht zu verzweifeln und den Selbstmord nicht als eine Lösung anzusehen, denn das ist er nie. Sie schrieb mir:

Carolyns Brief

Nachdem ich heute als Gast an Ihrem Workshop über »Tod und Sterben« teilgenommen habe, bin ich eben in mein Büro zurückgekommen; ein bewegender und emotionell erschöpfender, aber ungemein ergiebiger Tag liegt hinter mir. Vielleicht könnte man sagen, daß ich in mein eigenes Schreizimmer zurückgekommen bin.

Während der letzten Wochen bin ich mir jeden Tag mehr bewußt geworden, was Tod und Sterben heißt; ich lebte ja nur, indem ich irgendwie existierte oder »mich abfand«, wie Sie es nannten. Heute erreichten viele meiner Gefühle, Reaktionen und Trips, die ich durchgemacht habe, den Höhepunkt, und mir war, als ob Sie mich noch einmal an der Hand durch alles hindurchführten.

Als ich in der Rehabilitationsberatung tätig war, kam mir allmählich zu Bewußtsein, daß ich überhaupt keine praktische Erfahrung und kein Verständnis aus erster Hand im Umgang mit Tod und Sterben hatte. Ich hatte es immer aufgeschoben und dachte, in der fernen Zukunft würde ich schon einmal damit fertig werden. Aber nicht jetzt!

O ja, ich weinte über den Tod eines geliebten Haustieres oder über den Tod eines jungen Mannes, eines Klienten von mir, der im Alter von 28 Jahren an einer Herzoperation starb. Doch erst in den letzten Monaten habe ich wirklich angefangen, die Stadien des Sterbens zu verstehen, wie Sie sie heute dargestellt haben.

Nach wochenlangen Untersuchungen im Krankenhaus versuchte man im Juli festzustellen, warum ich Gehbeschwerden hatte und das Gefühl in den Beinen sowie das Sehvermögen eines Auges verloren hatte. Erst als ich darauf bestand, erhielt ich die Auskunft, daß ich multiple Sklerose hatte. Mein Neurologe sagte meinem Mann, er sollte »mich glauben lassen, daß es eine Neuritis sei«.

Ich hatte eben im Rahmen des Rehabilitationsprogramms einen College-Kurs über die medizinischen Aspekte körperlicher Behinderungen abgehalten. Ich wußte, daß ich etwas Ernstes haben mußte, nachdem ein Gehirntest, ein EEG, ein orbitaler Röntgentest, ein Elektromyogramm und eine Lumbalpunktion gemacht worden waren. Meine eigenen diagnostischen Vermutungen waren Gehirntumor, Krebs der Wirbelsäule oder multiple Sklerose. Schließlich bedrängte ich meinen Mann, es mir zu sagen, da ich ihm ansah, daß er es wußte.

Ich weinte, ich leugnete die Krankheit, ich war voll Zorn und Ressentiment, »warum gerade ich?« – die ganze Leier. Ich sah die schwerkranken, an MS leidenden Patienten im Rollstuhl vor mir, mit denen ich als Studentin gearbeitet hatte, die in meinen Augen im Sterben lagen oder bereits so gut wie tot waren.

Warum gerade ich?

Ich war eben erst 33 Jahre, hatte einen netten Mann, den ich sehr liebte, einen achtjährigen Sohn, ein hübsches Heim, in das ich mich gerade eingelebt hatte. Ich hatte mein Diplom in Rehabilitationsberatung gemacht und arbeitete in einem Krankenhaus mit reizenden Leuten zusammen. Dann, mit einemmal, MS! Ich konnte vor Schwäche kaum gehen und fürchtete, daß ich meine neue und geliebte Stellung nicht würde behalten können.

Zwei Wochen nach meiner Entlassung aus dem Krankenhaus erklärte mein Mann, daß er sich scheiden lassen wollte, weil er an einem anderen Ort und alleine leben wollte. Er war nicht bereit, sich an der Sorge für unseren Sohn zu beteiligen, und so überredete mich der Arzt, daß ich ihn in eine Familie geben sollte, damit er an derselben Schule bleiben konnte.

Dann verlor ich mein Heim. Ich konnte die Abzahlungsraten für das Haus nicht leisten, auch wenn ich ganztags arbeitete, aber noch weniger, wenn ich nur halbtags arbeitete. Ich konnte kaum mehr Auto fahren. Und ich dachte, daß ich im Begriff war, den Verstand zu verlieren, weil ich aus dem monatelangen Alptraum nicht erwachte. Ich wollte sterben, wenn ich nicht sowieso schon starb.

Ich konnte nicht laufen, nicht Tennis spielen, keine geschlechtliche Erregung empfinden, keine Bücher lesen. Das einzige, was ich konnte und was ich tat, war nicht Leben, sondern das Durchstehen einer qualvoll schwierigen Existenz. Ich erreichte den Tiefpunkt meiner Depression und beschloß, mich mit Schlaftabletten hinzulegen, um nie mehr den Schmerz eines weiteren Verlustes zu spüren oder die Verwirrung und die harte Arbeit, da einen Sinn zu suchen, wo es anscheinend keinen mehr gab. Aber ich vermochte es nicht.

Drei Packungen Schlaftabletten standen auf dem Tisch, als ich in einem auf Kredit gekauften Häuschen (während ich versuchte, einen Brief an meinen Vorgesetzten zu schreiben, um ihm alles zu erklären) allmählich erkannte, daß der Sinn *im eigenen Inneren,* nicht draußen liegt. Nicht die Quantität, die Qualität zählt. »Das Gestern ist tot und vorüber, und das Morgen ist nicht in Sicht . . .« (wie es in dem Lied heißt). So müssen wir das Leben vollständig leben und selbst herausfinden, was uns vorwärts treibt, weil das niemand anderes an unserer Stelle tun kann.

Es dämmerte mir schließlich, daß *ich mir am Herzen lag!* Und vielen meiner warmherzigen, aufrichtigen, echten Freunde lag ich ebenfalls am Herzen. Sie kamen und setzten sich an mein Bett, hielten meine Hand, wenn ich weinte, und weinten mit mir. Oder wenn ich nicht sprechen konnte, riefen sie an und redeten mir gut zu. Sie schickten keine Blumen, Karten oder Briefe, um mich »aufzuheitern«.

Das wollte ich Ihnen nur sagen, Frau Dr. Ross, und vielleicht ist meine Geschichte eine andere Weise, sich mit dem Tod und dem Sterben auseinanderzusetzen, aber ich habe das Gefühl, daß sie den Erfahrungen, die Sie mit Ihren Patienten gemacht haben, sehr ähnlich ist. Ich bin ungeheuer froh, daß ich am Leben bin, und jeder Augenblick bedeutet mir jetzt sehr viel, da ich weiß, daß ich meine Sache in Ordnung gebracht habe, falls ich morgen sterben sollte. Und ich habe keine Angst mehr vor dem Tod!

In Liebe und Bewunderung
Carolyn Strite

Vom Sinn körperlicher Existenz

Ich versuchte, Carolyn zu erklären, was wir über körperliches Schicksal gelernt hatten. Wir wußten aus unserer Forschungsarbeit über das Leben nach dem Tod, daß Selbstmordpatienten nach dem Tod zwar nicht bestraft, verurteilt oder verdammt werden, daß sie jedoch alle positiven Wachstumserfahrungen einbüßen, die sie während ihres Lebens gemacht haben. Sie müssen wieder einen Körper annehmen und nochmals geboren werden und dieselben Prüfungen durchlaufen, nur daß diese meistens schwieriger sind als in der früheren Existenz. Dies ist keine Strafe, sondern eine Gnade oder ein Geschenk Gottes, der uns damit eine neue Chance gibt. Niemand darf zur Quelle, zu Gott zurückkehren, von dem wir alle kommen, der nicht all das Positive gelernt hat, was man im physischen Leben lernen kann.

Der einzige Zweck der physischen Existenz liegt darin, zu wachsen und eine Harmonie zwischen dem physischen, emotionalen, intellektuellen und spirituellen Teil oder Quadranten herzustellen, der jedes menschliche Wesen ausmacht. Wir sind alle von demselben Gott, aus der einen Quelle geschaffen und haben alle die Gaben der Vollendung empfangen, damit wir sämtliche positiven Erfahrungen auf der physischen Ebene innerhalb eines Lebens machen können. Diejenigen, die sich selbst der Gelegenheit, der Chance, durch die Stürme des Lebens zu wachsen, beraubt haben, werden durch ihre eigene Negativität und ihren – meist selbstauferlegten – Schmerz der Trauer, der Scham, Angst oder Schuld hinuntergezogen und können ihre Mission und ihr Schicksal nicht erfüllen; daher müssen sie sich in einem neuen physischen Leben reinkarnieren.

Es gibt viele falsche Vorstellungen, was die Wiedergeburt und ihren Sinn betrifft. Die Wiedergeburt hat nur einen einzigen Sinn: Sie ist ein Geschenk Gottes an uns. Sie ist unsere Chance zu lernen, was wir nach eigener Erkenntnis noch lernen müssen, und uns zur Vollendung zu entfalten, damit wir »nach Hause« zurückkehren können.

Carolyn nahm die Herausforderung an und war in der Lage, ihre eigenen inneren Ressourcen, ihre innere Kraft zu mobilisieren. Sie war nicht nur imstande, ihre Arbeit in der psychologischen Beratung weiterzuführen, sondern sie konnte aufgrund ihrer Lebenserfahrungen und ihrer eigenen Arbeit an sich selbst, aufgrund ihrer Ehrlichkeit, Tapferkeit und Liebe zu ihren Mitmenschen zahlreichen anderen Multiple-Sklerose-Patienten helfen.

Einige Jahre später erhielt ich eines Abends einen Anruf von ihr, in dem sie sich von mir verabschiedete. Sie sagte mir wieder, daß sie ihre Lebensfähigkeit verloren hatte, daß sie allein war, ihr Kind und ihr Eheleben vermißte. Sie sagte, daß sie kaum noch in der Lage sei, zu arbeiten und ihren Lebensunterhalt zu verdienen, und daß sie ihr Leben, das keine Qualität mehr habe, vor dem »Dahinvegetieren« beenden müsse. Sie erklärte in aller Aufrichtigkeit, daß sie sich jetzt das Leben nehmen wolle, daß sie jedoch einige Augenblicke vorher den Drang gehabt habe, mich anzurufen und mir für alles zu danken, was ich für sie getan hatte. Sie bat mich außerdem, ihr einen großen Wunsch zu erfüllen, nämlich, sie mit bedingungsloser Liebe zu akzeptieren, und damit meinte sie ausdrücklich, daß ich weder ihre Angehörigen benachrichtigen noch die Polizei anrufen dürfe, um ihr Leben zu retten.

Es geht um ein Leben

Ich sagte ihr, daß sie die freie Wahl habe, aber sie solle wissen, daß es eine Alternative für sie gebe, und ich würde am folgenden Montag um sieben Uhr bei der Kapelle von Santa Barbara auf sie warten, und ich hoffte, daß sie dort sitzen und mich erwarten würde. Das war drei Tage vor einem Workshop. Ich kam am Abend vorher in Santa Barbara an und konnte kaum schlafen. In den frühen Morgenstunden begab ich mich zu dieser wunderschönen Kapelle. Über dem Altar befand sich ein Kreuz und ein großes Fenster, hinter dem ein ungewöhnlich schöner Baum wuchs, ein Symbol des Wachstums und des Lebens durch Schmerzen und Opfer.

Um sechs Uhr sah ich eine Gestalt aus dem Schatten ins Licht treten. Es war meine Freundin, die multiple Sklerose hatte und die an diesem Hoffnungsstrahl und an der höheren Wahl festhielt, sich noch einmal eine Chance zu geben. Sie wurde für den Workshop ein wahres Geschenk und hat seitdem nicht nur überlebt, sondern ihre Gesundheit hat sich so sehr gebessert, daß sie jetzt, nach Jahren, ganztags arbeitet und ihren Sohn bei sich hat, der schließlich zu ihr ziehen durfte. Sie hat das Leben von mehr Kranken und gesunden Menschen berührt, als ich geahnt hätte.

Kraft und Mut statt Scham und Angst

Es sind solche Erfahrungen im Umkreis der Workshops – vorher, dazwischen und nachher –, die uns weitertragen und uns Kraft, Mut und die Überzeugung geben, daß wir auf dem richtigen Weg sind.

Eine andere sehr bewegende Erfahrung, die wir während dieser fünf sehr intensiven Tage der Aussprache machen, wiederholt sich fast in jedem Workshop. Es ist das Geschenk der Krebspatienten, die durch Chemotherapie ihre Haare verloren haben. Sie erscheinen meistens mit einem Kopftuch oder einer gutsitzenden Perücke und legen Wert auf ein gutes Make-up und eine gepflegte äußere Erscheinung. Gewöhnlich geschieht es in der Mitte des Workshops, daß sie der Gruppe endlich bekennen, wie ihr Selbstimage leidet und welche Scham sie darüber empfinden, daß ihre Perücke herunterfallen könnte, wenn jemand sie berührt und umarmt. In fast jedem Workshop setzen sie sich gegen Ende mit dieser Scham und Angst auseinander, indem sie ihre Perücken abnehmen und sich der ganzen Gruppe so kahlköpfig präsentieren, wie sie zur Welt gekommen waren.

Die Tränen und die Erleichterung durch diese Art der Mitteilung sind ungeheuerlich. Ich erzählte schon von einer anderen ähnlichen Erfahrung mit einer Frau, bei der eine Kolostomie gemacht worden war und die sich ihres Körpers so schämte, daß sie während der letzten fünfzehn Jahre sämtliche Spiegel in ihrem Haus verhängt hatte. Als sie der Gruppe schließlich gestand, wie peinlich ihr das war, forderten wir sie auf, ihren künstlichen Darmausgang jedem einzelnen Teilnehmer des Workshops zu zeigen. Sie tat dies äußerst widerstrebend und war voll Scham, Angst und Widerstand. Die Folge war, daß sie nach Hause kam und die Hüllen von den Spiegeln nahm. Sie sieht jetzt mindestens um zehn Jahre jünger aus und schleppt nicht mehr die Scham und das Gefühl der Schuld und der Ablehnung ihres unvollkommenen Körpers mit sich herum.

Loslassen können In unseren Workshops gibt es einige ganz besondere Augenblicke, die für sich genommen nicht wichtig wären. Wenn man sie jedoch im Kontext sieht, das heißt in der Phase, in der die Gruppe sich zur gegebenen Zeit befindet, werden sie sehr wichtig. Einmal sprachen wir gerade über das Thema des Loslassens und über die Bedeutung und den Sinn von Leiden, Verlust und Tod. Wir sprachen über die Möglichkeit des Wachstums und neuen Lebens durch eine Todeserfahrung – des neuen Lebens im Sinne einer neuen Bewußtheit, einer neuen Sensibilität, einer anderen Art von Mitgefühl und Verständnis für unsere Mitmenschen. Plötzlich flog ein Vogel gegen das Fenster unseres Tagungsraums.

Wir unterbrachen kurz und versuchten, dem Vogel zu helfen, es ihm bequem zu machen, und überlegten, ob wir irgend etwas für ihn tun konnten. Er war offensichtlich benommen und stark verletzt, und wir wußten nicht, ob er mit dem Leben davonkommen würde. Während ich ihn so hielt, daß er nicht erschrecken oder sich verletzen konnte, sah ich, wie er das Köpfchen zur Seite legte und in meinen Händen starb. Es war eine kleine Episode in einer Pause, aber sie erinnerte einen von uns an den folgenden Ausspruch:

Wenn ich verhindern kann, daß ein einziges Herz bricht, habe ich nicht umsonst gelebt; wenn ich einem einzigen Leben Trost spenden oder einen einzigen Schmerz lindern oder einem einzigen schwachen Rotkehlchen in sein Nest helfen kann, habe ich nicht umsonst gelebt.

Wir beschlossen, den Vogel unter einem Baum zu begraben, und das Begräbnisritual für den kleinen Vogel rief viele Erinnerungen wach. Einige davon waren glückliche, liebevolle Erinnerungen an Eltern, die um ihrer Kinder willen bereit waren, ein Begräbnis für ein geliebtes Haustier zu veranstalten. Andere erinnerten sich, daß sie ein Tier verloren hatten und daß ihre überängstlichen Eltern es ihnen ersetzten und in eine Tierhandlung gingen, bevor das Kind von der Schule zurückkam. Natürlich wurde dieser Schwindel bald entdeckt, weil das Tier sich anders verhielt, und das Vertrauen des Kindes verringerte sich schlagartig.

So brachten dieser sterbende kleine Vogel in meiner Hand und das Begräbnis unter dem Baum den Eltern im Workshop zu Bewußtsein, wie wichtig es ist, auch an den kleinen Todesfällen im Leben ihrer Kinder teilzunehmen, weil der Tod eines Haustieres für ein Kind, das seine ganze Liebe diesem Tier geschenkt hat, ebenso schmerzhaft sein kann wie der Tod eines Kindes für die Eltern.

KAPITEL 15

Spirituelles Bewußtsein und Entwicklung

Nach dem ersten Tag der intellektuellen Aussprache und persönlichen Vorstellung und nach zwei Tagen emotioneller Erfahrungen beginnt die Gruppe eine ungeheure Aufwallung von Gefühlen der Liebe, des Mitgefühls und Verständnisses zu spüren, wie sie diese noch nie erlebt oder empfunden hat.

Ein verurteilter, eben entlassener Mörder wurde von verschiedenen Frauen eingeladen, einige Zeit bei ihnen zu Hause mit ihren Familien zu verbringen, um ihm zu helfen, sich wieder an die Außenwelt zu gewöhnen. Er reagierte mit Ehrfrucht und Unglauben und sagte: »Aber haben Sie nicht gehört, daß ich meinen Vater umgebracht habe?« Doch, sie hatten es gehört. Aber sie hatten auch seine Vorgeschichte von Kindesmißhandlung, von konstanten sadistischen Quälereien seiner Geschwister, von wiederholtem sexuellem Mißbrauch seiner Schwester und von der flehenden, verzweifelten und verängstigten Mutter gehört, die von den Sozialbehörden keine Hilfe bekam und ihre Kinder nicht beschützen konnte. Ja sie hatten gehört, daß ein Richter ihn des Totschlags für schuldig befand, daß er die besten Jahre seines Lebens im Zuchthaus verbracht hatte und daß niemand sich der Lehre Jesu Christi erinnerte, der Verständnis und Vergebung gepredigt hatte. Ja, sie wollten ihn gerne mit nach Hause nehmen.

Schuld und Vergebung

Eine ältere Nonne, die mit Schuldbewußtsein und der Furcht vor Verdammnis aufgewachsen war, hatte den Mut, ihr tiefverletztes Gerechtigkeitsgefühl und ihre Wut über die Behandlung durch eine Äbtissin zum Ausdruck zu bringen, und schickte ihrer Arbeit im Workshop ein ernsthaftes Gebet an Jesus Christus voraus, daß er ihr erlauben möge, zu fluchen und ihre Gefühle auszudrücken, damit sie besser dienen und ihre angestaute Bitterkeit und Negativität loswerden konnte. Ihr Gebet am Ende war so unbeschreiblich ergreifend, daß sechs andere Nonnen und zwei Priester ihr augenblicklich folgten, indem sie offen und ehrlich ihre eigenen unerledigten Dinge mitteilten. Dazu gehörten Inzest, Homosexualität, Verletzung des Beichtgeheimnisses und physische Begierden, die denen untersagt sind, die ihr Leben dem geistlichen Beruf weihen.

Zu diesem Zeitpunkt ist die Externalisierung abgeschlossen, und die ganze Gruppe erfaßt ein Gefühl tiefer Dankbarkeit. Es ist der Dank für das Geschenk der Aussprache und der Ehrlichkeit, die als Katalysator oder Auslöser funktioniert, der andere zu ihren langverdrängten unerledigten Angelegenheiten in Beziehung bringt. Und wenn jeder vielleicht nur eine einzige Geschichte aus seinem Leben mitteilt, berührt er achtzig andere, und so beginnt ein Welleneffekt, der immer mehr Kreise zieht.

Persönliche Erfahrungen

Am Donnerstag morgen erzähle ich nach unserem üblichen Singen und Schweigen (das wir von den Andachten der Quäker übernommen haben) von meiner eigenen Entwicklung, die Derek Gill in meiner Biographie weitgehend geschildert hat. Ich erzähle, wie ich als Drilling ohne individuelle Identität aufgewachsen bin, und stelle dies als eine Gnade und einen Segen dar, weil es mich lehrte, andere mit ähnlichen Problemen zu verstehen. Wir sprechen über unser physisches und geistiges Schicksal, über die freie Wahl des Menschen. Wir lesen der Gruppe den Brief eines neunjährigen Jungen namens Dougy vor, in dem er die Fragen stellt: »Was ist das Leben, was ist der Tod, und warum müssen kleine Kinder sterben?« Wir berichten von meiner Antwort, die jetzt als »Brief an Dougy« Tausende von Menschen auf der ganzen Welt erreicht hat.

Wir berichten von unseren persönlichen Erfahrungen mit Menschen, die »klinisch tot« waren, und von sterbenden Kindern und deren bewußter Kommunikation mit geliebten Menschen unmittelbar vor ihrem Tod, und natürlich erzähle ich von meinen unbegreiflichen, mein Leben verwandelnden mystischen Erlebnissen.

Wir beenden den Donnerstag, indem wir alle universalen Gesetze aufzählen, die sich mit den Lehren Christi decken und in den Lehren aller großen Weltreligionen enthalten sind: bei den Moslems, den Christen, den Juden, den Hindus, den Sufis und anderen. Dann können die Menschen beginnen, die Ereignisse in ihrem eigenen Leben auszuwerten und die sogenannten Zufälle zu verstehen, die wir »göttliche Eingriffe« nennen; sie werden offener und mehr dessen bewußt, daß wir unser Schicksal in der Hand haben, wenn wir die persönliche Verantwortung für die Taten, Worte und Gedanken übernehmen, die wir in freier Wahl vollziehen.

Am Ende wird unser Leben den Wert haben, der unmittelbar aus jeder Entscheidung erfolgt, die wir getroffen haben; Hilfe wird uns nur dann zuteil, wenn wir alle unsere Möglichkeiten ausgeschöpft haben.

Wir alle sind Kinder des einen Gottes. Wir sind alle auf der Erde, um zu wachsen und unser Schicksal zu erfüllen, und wenn wir unsere Lektionen gelernt haben, bestehen wir die Prüfung. Wir müssen lernen zu verstehen, anstatt zu verurteilen, zu geben und zu empfangen, zu lieben, ohne etwas dafür zu erwarten, und das zu praktizieren, was Khalil Gibran mit den Worten *Work Is Love Made Visible* (Arbeit ist sichtbar gemachte Liebe) so schön ausdrückt.

Ein Brief von Ira

Liebe Elisabeth,
ich schreibe diesen Brief über meine Erfahrungen während und nach dem Workshop über Leben, Tod und Übergang, den ich im April 1978 mitgemacht habe.

Ungefähr zwei Jahre vor dem Workshop begann ich, an G-tt* zu glauben, nachdem ich ein Agnostiker gewesen war, solange ich denken kann. (Dieser Glaube stammt aus einer »mystischen« Erfahrung im Zusammenhang mit dem Begräbnis einer sehr lieben Tante.) Ich empfand wirklich, daß ich glauben wollte, aber ich brauchte einen *»Beweis«*. Trotz dieses neuen Glaubens gestaltete ich mein Leben nicht anders, außer daß ich viel Philosophie und Bücher über Tod und Sterben las, darunter auch die Deinen.

Der Workshop war für mich eine tief bewegende Erfahrung. Die Teilnahme an dem Workshop gab mir als Arzt die Gelegenheit, in einer sehr realen Weise die Traumata mitzuerleben, die so viele Menschen durchmachen und überleben. Ja sie überlebten nicht nur, sondern wuchsen sogar durch diese »Stürme« ihres Lebens. Der Workshop bewies, daß dieses innere Wachsen nur stattfinden kann, wenn wir nicht in negativen Emotionen wie Schuldgefühlen, Angst und Zorn steckenbleiben.

Mein Gefühl während dieser fünf Tage war sowohl emotionell als auch spirituell außerordentlich stark, und es ist mir beinahe unmöglich, dies mit Worten auszudrücken.

Dein Bericht von Deinen Erfahrungen mit Geistführern am Ende

---

* Orthodoxe Juden schreiben den Namen Gottes weder im Hebräischen noch in einer anderen Sprache jemals aus.

des Workshops machte einen tiefen Eindruck auf mich. Bis dahin konnte ich mir nicht vorstellen, wie G-tt um alle unsere Gedanken und Taten wissen kann. Die Geistführer (Schutzengel) waren für mich etwas körperlich ganz Nahes und stellten die nötige Verbindung her, um meinen Glauben zu vertiefen.

Nach dem Workshop stellte ich fest, daß ich viel *lebendiger* war als je zuvor und daß ich den *Stürmen* des Lebens als Herausforderung entgegensehe und sie nicht als Störungen oder Ereignisse betrachte, die einem Angst und Sorgen machen. Außerdem habe ich mich seither mehr mit meiner Religion, dem Judentum, beschäftigt und bin jetzt praktizierender (orthodoxer) Jude. Ich bin tief in das chassidische Judentum eingedrungen, das ich sehr vereinbar mit Deinen Lehren fand bezüglich des Lebens nach dem Leben, der Schutzengel und eines allwissenden und alliebenden (nicht verurteilenden) höchsten Wesens, das uns nicht mehr aufbürdet, als wir bewältigen können (und stets zum Besten des Wachstums unserer Seele). Auch wir glauben, wie Du es gelehrt hast, daß es keine Zufälle im Leben gibt und daß alles, was uns begegnet, dazu da ist, daß wir daraus lernen, und daß der Hauptzweck unseres Lebens darin besteht, G-tt zu dienen, indem wir unseren Mitmenschen beistehen, ihre Leiden zu lindern. Genau das tust Du mit Deinen Workshops!

Ich hoffe, daß dieser Brief Dir nützlich ist, und bitte, mache Gebrauch von ihm, als Ganzes oder in Auszügen, für jeden Zweck, der Dir richtig erscheint.

Ich wünsche Dir weiterhin Erfolg in Deiner Arbeit zur Verbesserung des Schicksals der Menschheit auf diesem Planeten und verbleibe

mit herzlichsten Grüßen

Ira

Ein Brief von Tom

Liebe Elisabeth,

ungefähr vor einem Jahr besuchte ich den fünftägigen Workshop über »Leben, Tod und Übergang« in Oceanside, Kalifornien. Ich betrachte dieses Ereignis als einen entscheidenden Wendepunkt in meinem Leben, sowohl in intellektueller als auch in spiritueller Hinsicht. Ich möchte Dir mitteilen, was ich von der Externalisierung verdrängter negativer Gefühle halte.

In meiner Familie wuchs ich weitgehend in dem Glauben auf, daß die Männer in unserer Gesellschaft »stark« zu sein haben, daß sie negative Gefühle wie Widerwillen, Zorn und Depression verdrängen müssen, und ich merkte, daß ich, obwohl ich nach außen ruhig und ausgeglichen schien, gelegentlich Ausbrüche eines fast irrwitzigen

Zorns bekam. Manchmal brachte ich dadurch mich selbst oder andere in Gefahr. Zwei Jahre vor dem Workshop gefährdeten diese gelegentlichen Wutausbrüche meine Ehe, und ich geriet in eine mich völlig lähmende Depression. Im Workshop erkannte ich, daß jeder Mensch hin und wieder Zorn, Haß, Trauer und Rachegefühle empfindet, daß dies nicht ungesund ist und daß es befriedigende, akzeptable Wege gibt, diese negativen Gefühle abzureagieren. Noch wichtiger jedoch ist, daß ich eine innige, urteilsfreie Zuwendung in einer großen Gruppe von Freunden erlebte, eine von Eifersucht, Schuldgefühlen, Vorurteilen oder Reue unbeschwerte Liebe.

Das vergangene Jahr war für mich eine Übung im inneren Wachstum und der Arbeit an mir selbst und meinen Reaktionen auf andere Menschen. Ich habe gelernt, meine Gefühle, sowohl die positiven wie die negativen, zu externalisieren, anstatt sie in mich hineinzufressen, und dadurch lernte ich, daß das Leben vielleicht nicht immer schön ist, aber daß es wert ist, voll ausgekostet zu werden.

Ich bin Arzt und kein Jurist oder Kriminologe, aber ich bin überzeugt, daß es jedem Menschen nützen würde, wenn er lernen könnte, was ich in dem Workshop über »Leben, Tod und Übergang« gelernt habe. Ich meine, dies gilt besonders für Menschen, die dazu neigen, negative Gefühle zu internalisieren, die sich dann in Gewaltverbrechen und Schmerzen entladen. Das geschieht, weil diese internalisierten, verdrängten Gefühle plötzlich alle auf ein Objekt oder eine Person projiziert werden, und zwar gewöhnlich provoziert von einem unbedeutenden oder sogar eingebildeten Vorfall. Ich glaube, daß der Workshop dazu beitragen könnte, diese Art von Gefühlsstauung zu verhindern.

Mit herzlichen Grüßen an alle
Tom

Chuk und Fran

Liebe Elisabeth!
Der Workshop über Wachstum und Übergang, den ich vor anderthalb Jahren besuchte, war sicherlich ein Wendepunkt in meinem Leben. Vor dem Workshop hatte ich beträchtliche Schwierigkeiten in Beziehungen, insbesondere mit meinem Zorn, und auch gewisse Schwierigkeiten mit der Trauer. Gewiß litt ich auch unter Ängsten und stellte fest, daß die Techniken, die Du uns im Workshop gelehrt hast, ohne Frage funktionieren.

Ungefähr ein Jahr lang arbeitete ich hart daran, meinen Zorn und die Gefühle der Trauer zu externalisieren, wenn die Gelegenheit sich dazu bot. Ich fand, daß meine Persönlichkeit sich dadurch erheblich veränderte, und meine Umgebung kann das sicher bestätigen. Es ist definitiv eine Veränderung zu meinen Gunsten. Obwohl ich kein kontinuierliches Gefühl vollkommenen Friedens habe, erlebte ich ohne Zweifel viel häufiger Gipfelerfahrungen als in der Vergangenheit und bin sehr optimistisch, was mein weiteres emotionelles Wachstum betrifft.

Dies wirkte sich natürlich stark in meiner Praxis und auch zu Hause aus. Franny, meine Frau, nahm auch an einem Workshop teil und meint, daß auch für sie der Workshop einen Wendepunkt bedeutete. Sie war dadurch imstande, viel von ihren latenten Gefühlen der Feindseligkeit abzubauen.

Ich hatte die Gelegenheit, mit einer Anzahl von Insassen der Staatlichen Strafvollzugsanstalt von Washington zu arbeiten, und obwohl ich keine emotionale Therapie mit ihnen machte, bin ich sicher, daß diese Techniken für die Insassen von großem Nutzen wären, da ich sowohl tiefe Ängste als auch viel Zorn bei ihnen fand. Nicht nur die Strafgefangenen würden profitieren, sondern auch die Wärter. In der Strafvollzugsanstalt gibt es einen Circulus vitiosus, der durchbrochen werden muß. Die im Workshop gelehrte Technik ist praktisch und leicht anzuwenden, vorausgesetzt, die betreffende Person ist bereit dazu. Ich habe eine Anzahl von Leuten ermutigt, diese Technik zu verwenden. Ungefähr ein Drittel derjenigen, mit denen ich gesprochen habe, wendet sie an, und ohne Frage haben sich ihr Leben und ihre Beziehungen dadurch sehr positiv entwickelt.

Du kannst gerne Gebrauch machen von unseren Namen und diesen Brief in jeder Form abdrucken, die Du für geeignet hältst. Wir wünschen Euch allen in Shanti Nilaya alles erdenklich Gute und eine schöne Ferienzeit.

Mit herzlichem Gruß
Chuck und Fran

Bernie berichtet

Im Dezember 1979 besuchte ich einen Workshop von Elisabeth Kübler-Ross über Leben, Tod und Übergang. Damals machte ich eine große innere Wandlung durch, und ich sah, daß es der ganzen Gruppe von Teilnehmern ebenso ging. Ich glaube, daß die dort angewandten Techniken uns helfen, uns selbst zu heilen und uns von den Problemen der Vergangenheit in einer sicheren und konstruktiven Weise zu befreien. Darin liegt offensichtlich ein Element von Spiritualität, das ich für eine enorme Hilfe für kranke und benachteiligte Menschen halte, damit sie mit ihren täglichen Problemen zu Rande kommen.

Die Fähigkeit, sich zu ändern und sich selbst in den Griff zu bekommen, ist gewiß ein wichtiges Endergebnis, aber noch wichtiger ist die fortgesetzte Wandlung, die mit dieser Erfahrung nicht aufhört, sondern die auf dieser aufbauen kann. Die Rolle, ein Opfer zu sein, kann damit aufgegeben werden.

Ich glaube, daß diese Art von Arbeit ungeheuer wichtig ist, und ich kann die Unterstützung dieses Projekts von ganzem Herzen empfehlen. Wir wissen, daß geistige Gesundheit den geeigneten Rahmen für eine dauerhafte physische Gesundheit schafft, und beides steht in Beziehung zur Rolle des Individuums in der Gesellschaft. Mit einem solchen Programm ist ein Anfang gesetzt, und wenn Du es weiterhin zugänglich machst, wie ich hoffe, wird es Resultate erzielen, auf die wir alle stolz sein können und die hoffentlich eine größere Anzahl von Menschen erreichen.

Frau Dr. Ross ist wegen ihrer einmaligen Fähigkeiten und ihrer Erfahrungen die ideale Person, um ein solches Programm zu initiieren. Ihre Fachrichtung und ihre lange Erfahrung auf diesem Gebiet werden mit Sicherheit zu positiven Veränderungen und Ergebnissen führen. Wenn wir den Stein ins Wasser werfen, wird er Kreise ziehen und vielleicht zu einer Welle anwachsen, die zur Lösung der Probleme in unserer Gesellschaft einen bedeutenden Beitrag zu leisten vermag.

Vielleicht klingt das etwas zu großartig, aber ich habe erfahren, was dieses Programm in meinem persönlichen Leben und im Leben meiner Freunde und Patienten bewirken kann.

Ich weiß, daß dieser Weg der richtige ist.

Bernie

KAPITEL 16

Auswertung und Ergebnisse

Sehr oft werden wir nach den Resultaten unserer Workshops gefragt. Emotionale Wandlungen und emotionelle Heilungen lassen sich natürlich schwer in Zahlen angeben. Vor allem aber geht es um die Privatsphäre unserer Workshopteilnehmer. Ich habe in diesen Workshops über Leben, Tod und Übergang immer auf absoluter Vertraulichkeit bestanden. Es haben jedoch so viele Menschen Interesse an den Ergebnissen unserer Arbeit gezeigt, daß diese dringende Nachfrage nach einer statistischen Auswertung uns veranlaßt hat zu prüfen, ob es nicht einen Weg gibt, dieser Frage mit Sensibilität nachzugehen.

Statistische Untersuchungen

Als wir eben begannen, uns ernsthaft damit zu beschäftigen, wurde uns ein Weg gezeigt, auf dem wir erreichen konnten, was wir erreichen wollten. Oberst John B. Alexander, ein in Washington, D. C., stationierter Offizier der amerikanischen Armee, hatte an einem unserer Workshops teilgenommen und meldete sich einige Zeit danach, um uns mitzuteilen, daß er an der quantitativen Auswertung der Ergebnisse interessiert sei, die ihn in seiner eigenen Erfahrung so beeindruckt hätten. Oberst Alexander entwickelte eine »Untersuchung spiritueller Wandlung«, wie er sie nannte, als Teil seiner Dissertation für ein Doktorat in Pädagogik an der Walden University. Mit seiner Methode wollte er auch Wandlungen in der Einstellung zu Tod, Leben, dem eigenen Selbst, anderen Menschen, zu Grundwerten und zu unserem Workshop selbst messen.

Oberst Alexander versicherte uns, daß absolute Vertraulichkeit gewährleistet sei und daß die Daten einfach durch freiwilliges Ausfüllen von Fragebögen vor und nach dem Workshop zusammengetragen würden. Wir sahen uns die Fragebögen natürlich an und studierten genau das statistische Verfahren dieser Untersuchung, die John entwickelt hatte. Schließlich wurde das Verfahren der Studie einer kritischen Prüfung unterzogen und für gültig erklärt. Ich war bereit, die Untersuchung zu betreuen und im Dissertationsausschuß den Vorsitz zu führen, und so wurde die Studie begonnen.

Wir könnten nun unsere Eindrücke der Resultate schildern, aber diese wären natürlich subjektiv. Daher baten wir John um Erlaubnis, direkt aus seiner Zusammenfassung der Resultate zitieren zu dürfen, nachdem er die Daten zusammengetragen hatte, und John beschenkte uns durch die liebenswürdige Genehmigung, die folgenden Auszüge in diesem Buch wiederzugeben:

Methoden und Ergebnisse

Die Messungen wurden auf zweierlei Weise durchgeführt. Die Teilnehmer von zwei Workshops im Dezember 1978 und im Januar 1979 wurden gebeten, vor und nach dem Workshop entsprechende Fragebögen auszufüllen. Diese Gruppe wurde Gruppe A genannt. Eine zweite Gruppe, Gruppe B, wurde aus den Teilnehmerkarteien von anderen Workshops ausgewählt, die zwischen Juni 1977 und Oktober 1978 stattfanden. Diese Teilnehmer wurden der Kartei beliebig entnommen. Die Gruppe A wurde gebeten, die Fragebögen vor und nach dem Workshop an Ort und Stelle auszufüllen. Die Gruppe B erhielt ihre Testbögen einige Monate nach ihrer Workshoperfahrung per Post. Dies gab uns die Gelegenheit, unmittelbare Resultate von der Gruppe A mit langfristigen Resultaten der zweiten Gruppe zu vergleichen.

Eine Analyse der Daten ergab, daß bedeutende spirituelle Veränderungen in beiden Gruppen, A und B, stattgefunden hatten. Alles in allem deuteten in der Gruppe A 465 von 564 Antworten, also 82%, positive Veränderungen an. Die Gruppe B gab ähnliche Resultate wieder, indem 857 von 1049 Antworten, oder wiederum 82%, eine positive Veränderung zu Protokoll gaben. (Ingesamt füllten 87 Personen der Gruppe A sämtliche Fragen aus, während 244 befragte Personen in Gruppe B sämtliche Fragen beantworteten.)

Der Gruppendurchschnitt verzeichnete für jede Frage der Studie eine positive Tendenz auf der Basis einer Elf-Punkte-Skala. Es stellte sich heraus, daß die Gruppe B, der die Fragebögen mit der Post zugeschickt wurde, hinsichtlich aller Fragen eine größere Veränderung zu erkennen gab. Dies bedeutet, daß positive Veränderungen sich sogar noch stärker in der Gruppe ausprägten, die lange nach den Workshops befragt wurde, als in der Gruppe, die sich unmittelbar nach dem Ende der Sitzungen dem Test stellte.

Um die Verläßlichkeit der gesammelten Daten noch weiter zu

erhärten, wurde eine Reihe von Personen aus beiden Gruppen, die den Fragebogen beantwortet hatten, nach der Auswertung der Fragebögen außerdem noch angerufen. Die Resultate dieser Anrufe bestätigten die statistischen Daten. Subjektiv wurde sogar festgestellt, daß die angerufenen Personen die positive Veränderung noch höher veranschlagten, als sie auf den Fragebögen zu Protokoll gegeben hatten.

Obwohl in allen Gruppen eine positive Veränderung der Spiritualität vermerkt wurde, ist bei der Auswertung dieser Daten Vorsicht geboten. Sie zeigen zwar Gruppentendenzen an, doch kann darauf keine Voraussage der Antwort eines einzelnen Individuums gegründet werden.

Vor und nach einem Workshop

Johns Studie umfaßte nicht nur Fragen »zum Abhaken«, sondern auch solche, die von den Teilnehmern auch mit ihren eigenen Worten beantwortet werden konnten. Es folgen einige Vergleiche aus Johns Studie bezüglich der Einstellung der Teilnehmer zu Leben und Tod vor und nach dem Workshop:

Tod:
vor: »Ende, Abbruch, Trauer, Leere«
nach: »friedlich, Abwesenheit von Angst«
vor: »Angst, das Ende, schrecklich, Schmerz«
nach: »weitergehen, in Ordnung«
vor: »eine Flucht vor dem Leben«
nach: »Teil eines Kontinuums, ein Übergang«

Leben:
vor: »Existenz in einer körperlichen Hülle«
nach: »jeden Tag voll ausleben, sich mitteilen und den Mitmenschen etwas geben«
vor: »eine sehr schmerzhafte, traumatische Erfahrung«
nach: »einswerden mit dem Universum«
vor: »im wesentlichen ein ›physisches Leben‹«
nach: »eher eine ›spirituelle Existenz / ein Energiestrom‹«

Johns Studie enthüllte auch drastische Veränderungen in der Einstellung zu sich selbst, zu anderen, zu Werten und dem spezifischen Thema der Spiritualität. Wir geben wiederum einzelne Antworten aus Johns Studie wieder:

Selbst:
»Selbstzweifel, Leiden am eigenen Selbst, Selbsthaß sind Bürden, von denen ich befreit wurde.«
»Ich kann mich selbst besser leiden.«
»Ich akzeptiere jetzt eher meine Fehler.«

Andere Menschen:
»Ich akzeptiere mehr, verurteile weniger.«
»Ich kann Unrecht jetzt eher verzeihen.«

Werte:
»Ich fühle mich Gott und meinen Freunden entschieden näher.«
»Ich mache wichtige Veränderungen durch; Leistungsbewußtsein wurde abgelöst von Erkennen des inneren Wachstums.«
»Ich bin offener und meiner Werte sicherer.«

Spiritualität:
»Sie ist das Wichtigste in meinem Leben.«
»Ich habe die Gegenwart Gottes erfahren.«
»Ich fühle mich jetzt innerlich stärker verbunden.«

Zusätzliche Kommentare

Als gründlicher Mensch nahm John auch einige Kommentare derjenigen, die nach der Analyse der Daten noch angerufen wurden, in seine Untersuchung auf. Auch von diesen wollen wir einige wiedergeben. Sie sind keine Überraschung für uns, da wir von unseren Workshopteilnehmern oft solche Kommentare hören. Die Tatsache, daß die Telefonumfrage unabhängig von uns solche Kommentare produzierte, bestätigt lediglich die Aufrichtigkeit der Bemerkungen, die wir direkt zu hören bekamen.

»Ich weiß jetzt, daß zwischen Psyche (mind) und Geist (spirit) eine Verbindung besteht.«
»Ich fand Gott im Workshop – trotz einer strengen Erziehung hatte ich Gott aufgegeben.«
»Es war die größte Offenbarung meines Lebens . . . wie eine Metamorphose.«
»Ich sprengte meine eigenen Grenzen und konnte Menschen so annehmen, wie sie sind.«

Natürlich war nicht jede Antwort auf jede einzelne Frage positiv. Aber John berichtet, daß kein einziger aller Befragten alle Fragen negativ beantwortete. Sogar unsere schärfsten Kritiker hatten etwas Gutes über uns zu sagen.

Wir brauchten die Umfrage nicht als Beweis, daß die Workshops den Teilnehmern Gewinn und Wachstum brachten. Aber auch für uns war es eine Überraschung, daß Johns Studie bei 82% der Teilnehmer positive und dauerhafte Veränderungen feststellte!

Diese Umfrage steht selbstverständlich allen ernsthaft Interessierten zur Verfügung. Doch zum Abschluß dieses Kapitels möchte ich betonen, daß wir im Grunde nichts beweisen wollen. Wir sind nicht ausgezogen, um andere für unsere Sache zu gewinnen, und es ist nicht sehr wichtig, daß viele Menschen unsere Methoden nicht akzeptieren oder unseren Glauben nicht teilen.

Weitergeben, was gelernt wurde

Ich habe mein Leben lang nach Wahrheit und nach Wegen gesucht, das, was ich gelernt habe, mit anderen auf eine Weise zu teilen, daß sie dadurch liebevolle Hilfestellung bekommen. Ich glaube, daß alles, was in der Absicht getan wird, anderen zu helfen, am Ende immer Erfolg hat. Sogar mit Ehrlichkeit und Reinheit begangene Fehler können positive Ergebnisse zeitigen. Es geht uns also viel weniger darum, wie wir mit den Resultaten vergangener Workshops Eindruck machen können, als darum, Wege zu finden, wie wir die Lehren, die uns die Teilnehmer an diesen Sitzungen geschenkt haben, noch mehr Menschen zugänglich machen können. Sie waren unsere Lehrer, wie ich schon so oft gesagt habe. Wir geben nur ihre Lehren und die schönen Gaben, die sie uns bringen, an andere Menschen weiter.

Nachwort

Ich habe die Briefe in diesem Buch aus vielen Tausenden, die wir bekommen haben (und immer noch bekommen), ganz willkürlich herausgegriffen und sie hier zitiert, weil sie besser ausdrücken, als ich es je könnte, was diese Workshops denjenigen bedeuteten, die an ihnen teilnahmen.

Viele von denen, die sich zu einem Workshop anmelden (insbesondere die Vertreter der helfenden Berufe: Ärzte, Krankenschwestern, Priester und Seelsorger, Sozialarbeiter und Therapeuten) erwarten einen einwöchigen didaktischen Lehrgang und Vorträge, die eventuell die Gelegenheit bieten, Fragen zu stellen und Erfahrungen auszutauschen. Sie kommen mit Tonbandgeräten, Notizbüchern und Bleistiften bewaffnet an.

Wenn der Workshop vorbei ist, kommen viele dieser Teilnehmer zu uns und sagen: »Das ist überhaupt nicht das, was ich erwartet hatte.« Dann erklären durchweg alle, daß der Workshop viel sinnvoller, wertvoller und als Erfahrung relevanter war als alles, was wir ihnen, auf einem Podium und vor einer Tafel stehend, in Referaten hätten bieten können.

Wir haben diejenigen, die Kranke und Sterbende pflegen, immer darauf aufmerksam gemacht, daß sie lernen müssen, aus ihrer beruflichen Rolle herauszutreten und sich als Menschen um die Patienten zu bemühen. Doch dazu müssen wir »heil« oder ein »Ganzes« sein, oder wie immer wir es nennen wollen. Damit meine ich, daß wir unsere eigenen unerledigten Dinge so gut wie möglich bewältigt haben sollen. Wir müssen uns mit den vielen Arten von Tod auseinandergesetzt haben – den »kleinen«, die uns täglich widerfahren, und den großen, die wichtige Übergänge in unserem Leben bedeuten –, die die Landschaft unserer eigenen Lebensreise prägen, sonst können wir einem anderen Menschen nie wirklich in vollem Umfang helfen. Der Grund dafür ist einfach: Die Arbeit wäre eine zu große Bedrohung. Wir werden zu sehr in Mitleidenschaft gezogen, wenn diese ganz persönlichen Probleme nicht gelöst sind. Es wundert mich nicht im geringsten, daß die Selbstmordrate bei Psychiatern höher ist als bei irgendeiner anderen Gruppe von Menschen. Es gibt Leute, die einen ehrlichen und ganz echten Versuch machen, andere zu heilen, ohne sich vorerst selbst geheilt zu haben.

Wenn die Masken fallen

Daher stoßen wir einige Teilnehmer am Anfang der echten »Arbeits«sitzungen vor den Kopf, wenn sie sehen, welcher Instrumente wir uns bedienen – einer Matratze, eines Gummischlauchs und alter Telefonbücher, die zum Zerreißen da sind. Sie sind manchmal befremdet, wenn die Arbeit beginnt und wenn eine Person nach der anderen spontan nach vorne kommt und anfängt, mit dem Schlauch auf die Matte zu dreschen, oder das Telefonbuch zerfetzt, wenn die Leute ihre angestaute Wut und Schuldgefühle, ihre Angst und ihren Schmerz herauslassen. In dieser geschützten Umgebung dürfen sie ihren Schmerz hinausbrüllen, ihren Zorn äußern, sich selbst oder die Götter oder jeden anderen beschimpfen, der es ihrer Meinung nach verdient hat. Und indem sie ihre Emotionen auf diese Weise hinausschreien, werden sie aus ihrer Gefangenschaft befreit.

Die vor den Kopf Gestoßenen – die ein nettes, sauberes Fortbildungsseminar über den Umgang mit dem Problem des Todes und Sterbens erwartet hatten – merken bald, daß ihre eigenen Emotionen hochkommen. Es ist, als befänden sie sich in einer Notaufnahme oder auf einer Intensivstation, wo sie dem Schmerz, der Trauer und dem inneren Aufruhr anderer ausgesetzt und davon berührt wären.

In unserem Rahmen können sie die Maske abnehmen und zugeben, daß auch sie diese Schmerzen, Ängste, Schuldgefühle und diesen Zorn haben. Und dann können sie endlich beginnen, loszulassen. Dann brauchen sie sich von den Menschen, die Schmerzen leiden, nicht mehr abzukapseln.

Aber der Workshop ist mehr als nur ein Prozeß der Externalisierung und des Austreibens von negativen Emotionen. Die größere Botschaft ist dieselbe wie die Lehre, die wir aus unserer persönlichen Arbeit mit so vielen Sterbenden gewonnen haben. Es ist die Botschaft, wie wir leben, wie wir sterben und wie wir anderen helfen können zu sterben. Erst wenn man keine Angst mehr hat zu leben, wird man auch vor dem Sterben keine Angst mehr haben. Erst wenn man sein *eigenes* Leben voll gelebt hat, kann man anderen helfen, dasselbe zu tun und damit dem Augenblick *ihres* Todes ins Auge zu sehen.

Ist es je zu früh oder zu spät, um einen von diesen Workshops zu besuchen? Die Antwort lautet grundsätzlich nein, obwohl es natürlich Ausnahmen gibt. Ein Ehepaar in mittleren Jahren kam einmal gemeinsam zu uns, um mit dem Tod ihres Sohnes fertig zu werden. Besonders der Vater hatte eine riesige Menge von unterdrückter Wut und Zorn auf die Welt, auf Gott, auf die helfenden Berufe. Er war wie betäubt, wollte auf andere nicht eingehen und verhielt sich ganz ablehnend, wenn andere ihren Schmerz mitteilten – vor allem andere Eltern, die ein Kind verloren hatten. Er war unfähig, anderen zuzuhören, die einen Schmerz hatten, und empfand wirklich, daß seine Tragödie größer war als die eines anderen Menschen.

Obwohl seine Frau bereit war, sich einzulassen, holte er sie aus der Gruppe weg und reiste am Dienstag wortlos ab. Einige Wochen später schickte er uns durch einen Rechtsanwalt eine Klage, weil wir ihm nicht das geboten hätten, was er erwartet hatte! Ich brauche nicht erst zu sagen, daß einige Briefe von anderen Eltern, die ein Kind verloren hatten und denen mehr als geholfen worden war, den Rückzug der Klage veranlaßten.

Begegnung mit einer alten Dame

Einmal kam eine über achtzigjährige Dame, die noch weniger auf das gefaßt war, was sie hier erleben würde. Sie hatte den Workshop als Weihnachtsgeschenk von ihrem Sohn, einem Arzt, und ihrer Schwiegertochter bekommen, die beide einen früheren Workshop besucht hatten. Am ersten Tag saß sie steif und vielleicht etwas betäubt da bis spät in die Nacht. Sie sagte nicht viel, sah jedoch verblüfft auf die Gruppe von fünfundsiebzig Menschen, von denen die meisten auf dem Fußboden saßen. Sie beobachtete genau die Person, die gerade dran war, und bemerkte nur einmal beiläufig, daß sie noch nie eine solche bunte Mischung von Menschen, Hautfarben, Lebensaltern, Rassen, religiösen und ökonomischen Milieus in einem Raum gesehen hatte.

Sie rauchte eine Zigarette nach der anderen und ließ keine Sitzung aus. Da sie unsere älteste Teilnehmerin war und eine der wenigen, die auf einem Stuhl saßen, direkt neben mir, mußte ich ihr täglich mindestens hundert Zigaretten anzünden und schenkte ihr zum Abschluß, in Anerkennung ihrer ungewöhnlichen Ausdauer, mein Feuerzeug mit dem Lederbeutel. Sie war sehr bewegt von den tiefen Freundschaften, die sich in so kurzer Zeit entwickelten, und machte beim Abschied die Runde, indem sie jeden umarmte und küßte.

Obwohl wir sehr gegen Ehemaligentreffen und Fanclubs sind, gab es zwei Wochen später ein solches Treffen, ohne daß ich es erwartet oder geplant hatte. Ich kehrte zufällig nach Hawaii zurück, wo ich einen Vortrag zu halten hatte und deshalb in Honolulu übernachten mußte, von wo am nächsten Morgen mein Flugzeug zurück nach Chicago ging. Viele ehemalige Workshopteilnehmer begrüßten mich nach meinem Vortrag und luden mich zu einem »Pot-luck Dinner« ein. Ich ahnte nicht, daß unsere alte Dame dieses Wiedersehen »ausgeheckt« und in einem Privathaus ein wundervolles Essen organisiert hatte, zu dem jeder sein Lieblingsgericht, Blumen und Girlanden beisteuerte, so daß es eine wahrhaft fürstliche Tafel war. Sie hatten sämtliche Workshopteilnehmer von allen Inseln eingeflogen, samt Patienten auf Tragbahren, Querschnittsgelähmten und Rollstuhlpatienten. Es war, als feierten wir ein Fest in Lourdes.

Als alle begrüßt worden waren, kam unsere Freundin herein. Sie war wunderschön angezogen und sah in ihrem weißen Hosenanzug mit roten Mohnblumen und ihrem breiten, glücklichen Lächeln um zwanzig Jahre jünger aus. Wieder machte sie die Runde und umarmte jeden, und dann blieb sie vor mir stehen und zündete mit einem fast spitzbübischen Lächeln eine Zigarette für mich an! In einer kurzen Ansprache erklärte sie, daß sie ihre letzte Lektion gelernt habe, nämlich mit Menschen jeder Rasse und aus jedem nur erdenklichen Milieu Freundschaft zu schließen. Sie brauchte dieses Wiedersehen als Test, weil sie wissen wollte, ob unsere gegenseitige Zuneigung und unser Verständnis von Dauer waren. Sie wollte wissen, ob diese selben Leute sie noch umarmen würden, wenn der Workshop vorüber war!

In aller Zufriedenheit rauchte sie ihre Zigarette zu Ende, drehte sich langsam um und bat uns zu Tisch. Ihre letzten Worte waren: »Ich habe meine letzte Lektion gelernt, laßt uns zusammen essen, mein physischer Körper wird sehr müde.« Als sie an den Tisch kam, brach sie zusammen. Wir trugen sie ins Schlafzimmer und sangen ihr alle ihre Lieblingslieder vor: »Ich werde dich immer lieben«, »Kumbaya«, »Heimweh«, und hielten sie liebevoll in unseren Armen. Als die Sanitäter kamen, um sie in das Kaiser-Hospital zu bringen, waren sie von der Atmosphäre des Friedens und Annehmens so überwältigt, daß sie mitsangen, als sie sie zum Ambulanzwagen hinaustrugen.

Sterben, von Liebe umgeben

Sie starb wenige Augenblicke später, ohne das Bewußtsein wiederzuerlangen. Welch angemessener Tod für eine couragierte Dame, die ursprünglich nur gekommen war, »weil ich ein so teures Weihnachtsgeschenk nicht vergeuden darf«.

Sie starb, umgeben von Liebe, Zuwendung und ihrer geliebten Musik.

Ich möchte noch sagen, daß wir in diesem Buch die Arbeit am inneren Wachstum und die Aussprache der einzelnen Teilnehmer während dieser fünf Tage betont haben. Ich habe sehr wenig über den

Ablauf des letzten Tages gesagt, an dem die Gruppe eine ungewöhnliche Verbundenheit untereinander spürt, nachdem sie einander so viel Schmerz mitgeteilt hat und so viel Kummer losgeworden ist.

An diesem Tag kommt die Gruppe zur Ruhe und beginnt, sich offen darüber zu unterhalten, warum der Mensch sich das Leben, das so einfach und voller Wunder sein sollte, so schwer macht. Wir verbringen unseren letzten gemeinsamen Tag gewöhnlich damit, daß wir uns unsere Erkenntnisse über das Leben, das Sterben und über das Leben nach dem Tod mitteilen, unter anderem auch einige meiner mystischen Erfahrungen und die Art und Weise, wie der Mensch zur Erkenntnis (anstatt nur der Ahnung) seiner spirituellen Entwicklung, seiner Existenz jenseits des physischen Lebens und – was am wichtigsten ist – zur Erkenntnis der Lehren gelangen kann, die wir lernen müssen, insbesondere die praktizierte, bedingungslose Liebe zur Menschheit, zu den anderen sowie zu uns selbst.

Am wichtigsten: bedingungslose Liebe lernen

Ich bin den Menschen dankbar, deren Briefe in diesem Buch erscheinen, weil der Leser durch ihre, nicht durch meine Augen sehen, hören und spüren kann, was ihnen diese Lektion bedeutet hat.

Ich danke außerdem den Tausenden von Teilnehmern an den Workshops über Leben, Tod und Übergang in der ganzen Welt, weil jeder von ihnen uns etwas gelehrt und unseren Gruppen sowie jedem einzelnen von uns ein wunderbares Geschenk gemacht hat. Und wir wissen aus ihren Reaktionen nach den Workshops, aus all den Briefen und Telefonaten, daß sie auch etwas *mitgenommen* haben – und dies ist eine Bestätigung eines weiteren universellen Gesetzes: daß jeder echte Gewinn auf Gegenseitigkeit beruht. Gerald G. Jampolsky, ein Freund und Kollege von mir, gab einem seiner populärsten Bücher den Titel *Love Is Letting Go of Fear* (deutsch: Lieben heißt die Angst verlieren, 1981). Wir haben das vorliegende Buch über unsere Workshops für diejenigen zusammengestellt, die einen Weg suchen, um dieses Ziel zu erreichen. Wie wir so oft in Vorträgen und schriftlichen Äußerungen, in unseren Workshops und in Begegnungen mit Patienten auf der ganzen Welt festgestellt haben: Angst und Schuldgefühle sind die einzigen Feinde des Menschen. Wir bereiten uns unseren Himmel und unsere Hölle schon hier auf Erden. Das Leben ist dazu geschaffen, etwas sehr Einfaches und Schönes zu sein, aber die meisten von uns machen daraus ein undankbares »Brotverdienen, ohne leben zu lernen«. Warum braucht es die Diagnose einer tödlichen Krankheit, ehe ein Mensch sein Leben und seine Prioritäten neu überdenkt? Warum schieben wir die Dinge auf, nach denen wir uns im Leben am meisten sehnen? Warum verbringen wir die meiste Zeit unseres

Lebens damit, die Erwartungen eines anderen Menschen statt unsere eigenen zu erfüllen? Warum nehmen wir das Leben nicht in seiner Fülle und feiern nicht jeden Augenblick der vielen Wunder, die um uns und in uns sind?

Die Teilnehmer an den Workshops beginnen, einige Antworten auf diese Fragen zu finden. Durch ihre Arbeit, durch ihr Ringen, an dem wir teilnehmen dürfen, beschenken sie sich selbst und die Menschen, mit denen sie sich aussprechen. Mein Lieblingsdichter Kahlil Gibran faßt in *Der Prophet* vielleicht auf eine poetischere Weise als irgendein anderer zusammen, was die Menschen lernen, die den Mut haben, ihr Leben, ihre Einstellungen und Verhaltensweisen zu revidieren, die sie daran hindern, aus der Fülle zu leben:

Der Dichter Kahlil Gibran

. . . Doch ich sage euch, durch euer Wirken erfüllet ihr jenen Teil des fernsten Erdentraumes, der euch bei der Geburt dieses Traumes zugewiesen.

Und so ihr die Wehen des Werkes auf euch nehmet, liebt ihr das Leben wahrhaftig . . .

Weiter wurde euch gesagt, das Leben sei dunkel, und in eurer Erschöpfung wiederholt ihr die Worte der Erschöpften.

Doch ich sage euch: Fürwahr, das Leben ist dunkel, so der Trieb fehlt.

Und jeder Trieb ist blind, wo das Wissen mangelt.

Und jedes Wissen ist eitel, wo das Werk ausbleibt.

Und jedes Werk ist leer, wo keine Liebe ist.

Doch schaffet ihr mit Liebe, so bindet ihr euch selber, und aneinander, und an Gott.

Und was heißt mit Liebe schaffen?

Es heißt das Tuch weben mit Fäden, gezogen aus eurem Herzen, als solle eure Geliebte das Tuch tragen.

Es heißt ein Haus bauen mit Leidenschaft, als solle eure Geliebte darin wohnen.

Es heißt Samen säen mit Sorgfalt und ernten mit Freude, als solle eure Geliebte die Frucht verzehren.

Es bedeutet, alle Dinge, die ihr schaffet, mit dem Atem eures Geistes füllen,

In dem Wissen, daß alle Seligen um euch stehen und Wache halten.

Ich danke euch allen, mit denen ich einen wichtigen Teil meines Lebens teilen durfte. Ich bin gesegnet durch euer Dasein.

Elisabeth Kübler-Ross

Literaturhinweise

Die Worte des Dichters *Kahlil Gibran* auf Seite 176 dieses Buches wurden mit freundlicher Genehmigung des Walter-Verlages in Olten seinem Buch »Der Prophet – Wegweiser zu einem sinnvollen Leben« entnommen, das Claire Malignon aus dem Amerikanischen ins Deutsche übersetzt hat.

Im Kreuz Verlag erschien in der Übersetzung von Ursula Stange das Buch von *Jean Cameron* »Heute will ich leben – Eine Krebskranke erzählt«, zu dem Elisabeth Kübler-Ross das Vorwort geschrieben hat. Darin heißt es: »Dieses Buch sollte von vielen Vertretern der Pflegeberufe und von denen gelesen werden, die eine tödliche Krankheit in sich tragen. Es wird ihnen Kraft, Mut und Vertrauen geben.«

Schließlich sei auf das »Protokoll einer Heilung« hingewiesen, das unter dem Titel »Von mir aus nennt es Wahnsinn« von *Jacqueline C. Lair und Walther H. Lechler* im Kreuz Verlag veröffentlicht wurde. Darin wird die Bewältigung einer schweren seelischen Krise durch einen ungewöhnlichen therapeutischen Prozeß so eindringlich und verständnisvoll dargestellt, daß dieses Buch zur Lebenshilfe für alle werden kann, die mit sich selbst Probleme haben.

Speziell für Eltern, die ein Kind verloren haben, publizierte der Kreuz Verlag das Buch von *Harriet S. Schiff* »Verwaiste Eltern«, in dem die Autorin, der der Tod ihren zehnjährigen Sohn nahm, davon berichtet, wie sie trotz dieses herben Verlustes ihr Leben meisterte. Elisabeth Kübler-Ross nennt dieses Werk »ein wunderbares Buch. Es wendet sich an alle, die den Tod eines Kindes erleben mußten. Es macht den Tod nicht zu etwas Schönem, tröstet nicht auf unrealistische Weise, aber es sagt die Wahrheit; und deshalb ist es so ermutigend und hilfreich.«

»Elisabeth Kübler-Ross hat uns den Umgang mit Sterbenden menschlich-redlich gelehrt.« *Die Zeit*

Elisabeth Kübler-Ross
Verstehen was Sterbende sagen wollen
Einführung in ihre symbolische Sprache

220 Seiten mit 8 Farbtafeln, kartoniert

Schwerkranke und sterbende Menschen benutzen eine ganz besondere Sprache, eine symbolische Sprache, um ihre innersten Wünsche und Sorgen auszudrücken. Frau Kübler-Ross lehrt uns, diese Sprache zu verstehen. In geraffter Form stellt sie ihre Erfahrungen und Erkenntnisse dar und läßt uns Trost und Mut schöpfen bei einem Geschehen, das im Grunde so natürlich ist wie die Geburt.

»Ein zutiefst menschliches Buch, das uns hilft, mit uns selber und den andern menschlicher umzugehen!«

Kirchenblatt für die reformierte Schweiz

Elisabeth Kübler-Ross
Leben bis wir Abschied nehmen

Mit 80 Fotos von Mal Warshaw und einem Beitrag von Dr. med. Paul Becker
190 Seiten, gebunden mit Schutzumschlag

»Als ich dies Buch las, wurde das Gefühl der Freundschaft in mir immer stärker mit Beth, Jamie, Louise oder Jack. Ihr Sterben, an dem ich teilnahm, hat mich mit ihnen verbunden, mich zuversichtlicher gemacht, daß auch ich es kann: ohne Angst sterben. Ich bin dankbar für dies Buch . . .«

Dieter Schelhorn in: Deutsches Allgemeines Sonntagsblatt

Elisabeth Kübler-Ross
Interviews mit Sterbenden

238 Seiten, kartoniert

»Dieses Buch ist eine Reise in ein unbekanntes Land. Und man vermag noch als Leser die Erregung nachzuempfinden, die von den Hörern dieser Interviews mit Sterbenden berichtet wird. Was wissen wir über den Tod? Was wissen wir über die Gefühle von Sterbenden? Das Buch, das weltweites Aufsehen erregt hat, verhilft zur Konfrontation mit einer Seite menschlicher Existenz, die bisher gern zum Tabu erklärt wurde.«

Evangelischer Buchberater

Elisabeth Kübler-Ross
Was können wir noch tun?
Antworten auf Fragen nach Sterben und Tod

166 Seiten, kartoniert

»Elisabeth Kübler-Ross möchte mit diesem leichtverständlichen Buch vor allem wieder ihr altes Anliegen aufgreifen, das Sterben in das Leben hineinzunehmen, es als Prozeß verständlich zu machen, es menschlich zu gestalten, für den Sterbenden und Angehörigen.«

Kontraste

Elisabeth Kübler-Ross (Hrsg.)
Reif werden zum Tode
Maßstäbe des Menschlichen, Band 9

238 Seiten, Kunststoff flexibel

»Seit vielen Jahren findet Dr. med. Kübler-Ross weltweite Anerkennung durch ihre Forschungen als Psychiaterin über Sterben und Tod. Ihre Beiträge sowie die Texte ihrer 13 Mitautoren stellen gleichsam eine Nutzanwendung ihrer Forschungsarbeit über Todkranke dar.«

Deutsches Ärzteblatt